COMO ESCOLHER TECNOLOGIAS PARA EDUCAÇÃO A DISTÂNCIA, REMOTA E PRESENCIAL

COMO ESCOLHER TECNOLOGIAS PARA EDUCAÇÃO A DISTÂNCIA, REMOTA E PRESENCIAL

Édison Trombeta de Oliveira

Como escolher tecnologias para educação a distância, remota e presencial

Publisher Edgard Blücher
Editor Eduardo Blücher
Coordenação editorial Jonatas Eliakim
Produção editorial Kedma Marques
Diagramação Taís do Lago
Revisão de texto Samira Panini
Imagem da capa iStockphoto

Blucher

Rua Pedroso Alvarenga, 1245, 4° andar
04531-934 – São Paulo – SP – Brasil
Tel.: 55 11 3078-5366
contato@blucher.com.br
www.blucher.com.br

Segundo o Novo Acordo Ortográfico, conforme 5. ed. do *Vocabulário Ortográfico da Língua Portuguesa*, Academia Brasileira de Letras, março de 2009.

Dados Internacionais de Catalogação
na Publicação (CIP)
Angélica Ilacqua CRB-8/7057

Oliveira, Edison Trombeta de

Como escolher tecnologias para educação a distância, remota e presencial / Edison Trombeta de Oliveira. - São Paulo : Blucher, 2022.

86 p.

Bibliografia
ISBN: 978-65-5506-118-5 (impresso)
ISBN: 978-65-5506-119-2 (e-book)

1. Ensino à distância 2. Tecnologia educacional 3. Educação I. Título

21-4869 CDD 371.35

Índice para catálogo sistemático:
1. Ensino à distância

Agradecimentos

Esta obra é um dos frutos da minha tese de doutorado em Educação na Universidade de São Paulo (USP). Portanto, é indispensável agradecer à minha orientadora, professora Stela Piconez, que me acompanhou durante meu percurso formativo, bem como ao Programa de Pós-Graduação em Educação.

A tese em si teve como lócus de estudo a Universidade Virtual do Estado de São Paulo, instituição à qual agradeço também pela abertura à pesquisa e por ser meu local de trabalho há mais de seis anos. Lá, conheci grandes amigos – a quem também sou grato por todo apoio – inclusive a revisora desta obra, Nádia Rubio Pirillo.

Por fim, agradeço à minha família, sempre presente mesmo que a distância, fonte de força e compreensão.

Reconhecer a importância de nossa tarefa [à docência] não significa pensar que ela é a mais importante entre todas. Significa reconhecer que ela é fundamental. Algo mais: indispensável à vida social.

(Paulo Freire, *Professora Sim, Tia Não*, p. 32)

Sumário

Prefácio

Importantes mudanças sociais e políticas ocorreram no Brasil e no mundo nos últimos anos, e certamente, refletiram no campo educacional e em específico na educação com tecnologias e na educação a distância (EaD). Tais mudanças colocam essas áreas num caminho incontornável para uma transformação do ensino, adequando-o às exigências e aos atributos da sociedade contemporânea.

O progresso das tecnologias e o avanço crescente da EaD no ensino superior propiciam novos modelos de ensino em ambientes virtuais. É nesse contexto que o papel do professor se torna cada vez mais evidente, em conjunto com uma equipe multidisciplinar, ao definir a intencionalidade pedagógica de cada elemento que apoiará o processo de aprendizagem, bem como o desenvolvimento das habilidades e competências dos estudantes.

E é na citada abordagem que a proposta deste livro se insere, apresentando a importância da ação docente a partir do modelo TPACK – Conhecimento Pedagógico dos Conteúdos Tecnológicos.

A seleção de mídias para a orientação de um processo de aprendizagem pressupõe, sobretudo, o entendimento ou até mesmo a definição de um modelo educacional com objetivos de aprendizagem específicos. Tal seleção precisa ser orientada pelo conhecimento pedagógico, seja de métodos e metodologias de aprendizagem, de avaliação, de organização de sala de aula ou mesmo de currículo; pelo conhecimento de conteúdo, do foco da disciplina em si, conceitos e literatura, como matemática, línguas, filosofia, biologia etc.; e pelo conhecimento tecnológico, o que engloba ferramentas, mídias e recursos que podem ser aplicados. Esses três conhecimentos precisam estar relacionados a um determinado contexto, e são eles que definem o modelo TPACK.

Essa perspectiva apresenta um alento às ciências da educação, uma vez que o debate sobre o uso de tecnologias para ensino é recente. Muito se discutia sobre uso de tecnologias na educação por diversas áreas de conhecimento, sem a participação daquele que de fato compreende como se dá o processo de aprendizagem: o professor.

O autor defende que o professor deve estar apto a utilizar de maneira intencional e consciente as estratégias em sala de aula, a partir do conhecimento que possui sobre seus estudantes, de modo que os auxilie na construção de conhecimento. Tal modelo deve ser pensado tanto para a modalidade presencial quanto para o ensino remoto e a EaD.

Discussões sobre experiências de ensino na modalidade EaD se tornam essenciais para o desenvolvimento de novos modelos que incorporem as tecnologias digitais de informação e comunicação, que já são popularmente contempladas no cotidiano da sociedade contemporânea – com exceção das populações marginalizadas. Isso porque a oferta dessa modalidade não pode estar restrita às instituições privadas de qualidade questionável, mas é preciso que a EaD e o uso educacional das tecnologias como um todo sejam colocados como alternativa ao modelo presencial, de modo que auxilie de fato, na expansão e democratização do ensino superior.

A experiência trazida por Édison Trombeta de Oliveira tem como lócus a Universidade Virtual do Estado de São Paulo (Univesp), a quarta universidade do estado de São Paulo, criada em 2009 como um programa de governo, credenciada no Conselho Estadual de Educação em 2012 e que a partir de 2014 ofertou seu primeiro vestibular. Seu modelo inicial de oferta de disciplinas no Ambiente Virtual de Aprendizagem (AVA) adotado, inicialmente, era comum a todas as áreas do conhecimento.

A partir de amplas discussões entre a equipe multidisciplinar de produção de material didático e os docentes da Universidade, ela passou a ofertar, em 2018, modelos diversos que incorporam as especificidades de cada área de conhecimento. Afinal, conforme defendido pelo modelo TPACK e por Lee Shulman, um conteúdo de matemática não pode ser ensinado ou tratado do mesmo modo que um de língua portuguesa ou filosofia. Diferentes áreas do conhecimento pressupõem distintas estratégias ou modelos de ensino.

Desse modo, reforça-se a importância da escolha consciente e intencional de metodologias, ferramentas, mídias que compõem as estratégias do processo de ensino, seja ele presencial, remoto ou EaD. Portanto, a interação entre a tecnologia, o conteúdo e a pedagogia é o foco principal desta obra.

Outono de 2021
Mônica Cristina Garbin
Professora da Universidade Virtual do Estado de São Paulo

Apresentação

A tecnologia sempre esteve presente nos processos de ensino e de aprendizagem. Mesmo que se considerem "tecnologias" apenas elementos materiais – e não algo que envolva também metodologias, técnicas e processos –, livros, cadernos, canetas, lousa, giz etc. podem ser considerados tecnologias. Assim, ao refletir sobre o uso de tecnologias na educação não necessariamente se fala de computadores ou internet.

Evidentemente, após a vasta inserção das Tecnologias Digitais de Informação e Comunicação (TDIC) na vida cotidiana, percurso normal foi sua implementação também no contexto educacional. Assim, torna-se desafio também para o professor a apropriação dessas TDIC para aplicação no seu ambiente de trabalho, que é, fundamentalmente, a formação humana.

Nesse sentido, é fundamental discutir a respeito do uso intencional pedagógico das tecnologias nos contextos de ensino e de aprendizagem, para que não sejam colocados dispositivos e aplicativos na sala de aula à revelia do professor, de seu planejamento e de sua didática. A sala de aula como espaço e o período escolar como momento são únicos na vida de um aluno, e não se pode permitir que modismos das tecnologias ditem as escolhas do trabalho docente. Uma tecnologia deve ser utilizada na medida em que apoia o ensino do professor e a aprendizagem dos alunos a respeito de certo conteúdo específico, e não como distração ou imposição da rede escolar.

Observe que no parágrafo anterior foram citados dois processos: o de ensino e o de aprendizagem. Entende-se, nesta obra, ensino como o ato comunicacional intencional de proporcionar aos alunos a aprendizagem sobre determinado conteúdo específico ou o desenvolvimento de habilidades e competências previstas. Já a aprendizagem é o processo interno de cada aluno no processamento das informações recebidas e construídas durante o processo de ensino.

Esta obra, então, enfatiza a reflexão a respeito da escolha de tecnologias e seus usos intencionais para ensino – indicando sua relevância no processo de aprendizagem dos estudantes. Em um primeiro olhar, essa reflexão vale, evidentemente, para a educação a distância (EaD). Mas serve também para contextos presenciais nos quais se utilizem ou se planejem utilizar tecnologias, em especial em momentos excepcionais, como a pandemia de Covid-19 nos anos de 2020 e 2021, em que fica destacado o valor desse tipo de ponderação.

É nesse contexto que este livro se enquadra, a fim de pensar no ensino com tecnologias para auxiliar a ação docente – seja do professor ou de uma equipe multidisciplinar – com o uso das tecnologias. Para tanto, a obra está dividida da seguinte maneira.

Inicialmente, são apresentados os fundamentos do ensino com tecnologias – basicamente um modelo explicativo da ação docente, intitulado TPACK. De acordo com essa abordagem do Conhecimento Pedagógico dos Conteúdos Tecnológicos, o professor deve dominar três campos de conhecimento: o pedagógico, o de conteúdos específicos e o tecnológico. A coroação desses três corpos de conhecimento leva ao surgimento de um quarto, de apropriação das tecnologias em processo de ensino e de aprendizagem significativos de conteúdos específicos.

Na sequência, há um capítulo que destaca os aspectos legais e práticos do ensino com tecnologias, citando as três formas: EaD, ensino remoto e educação presencial. Há destaque para a área de design instrucional, não exatamente como uma profissão, mas como uma ação de qualquer agente educacional no sentido de planejar, implementar e avaliar suas ações de ensino.

Por fim, abordam-se, de fato, as diretrizes sugeridas para escolha de tecnologias considerando diversas concepções pedagógicas e conteúdos específicos. Há sugestão de uma ficha de análise das tecnologias ante as necessidades educacionais. Mas, mesmo que a ficha em si não seja aplicada, analisar uma tecnologia utilizando esses princípios como base já é um ponto fundamental da escolha das tecnologias, ferramentas e mídias mais adequadas a cada contexto educacional.

Espero que esta obra possa ajudar, em termos teóricos e práticos, todos os profissionais da educação a escolherem com consciência os recursos para suas aulas. E que esta reflexão seja apenas o ponto de partida de um desenvolvimento da educação que não tem mais volta. A nós, educadores, resta a consciência de um trabalho realmente bem feito, em direção à construção de cidadãos melhores para os desafios que se colocam no mundo contemporâneo.

1. Fundamentos do ensino com tecnologias: TPACK

"Quem sabe, faz; quem não sabe, ensina" é uma expressão trazida por Lee Shulman (1986, 1987) para iniciar seus debates sobre os conhecimentos requeridos dos professores para a efetiva aprendizagem dos estudantes. O autor propôs um modelo explicativo para a ação docente a partir de dois corpos distintos de conhecimento: o pedagógico e o de conteúdos específicos. Juntos, eles formam um terceiro corpo de conhecimento: Conhecimento Pedagógico do Conteúdo.

O Conhecimento de Conteúdo (CK – do inglês *Content Knowledge*) abarca os conceitos específicos de cada área do saber, como matemática, línguas, artes, filosofia, biologia, química, física etc. Ele se refere à quantidade e à organização de conhecimento propriamente dito no arcabouço do professor. Shulman (1986) já apontava que, em diferentes áreas do saber, há diferentes formas de discutir a estrutura do conhecimento. Destaca que em todas é necessário ultrapassar o conhecimento puro e simples dos fatos ou dos conceitos próprios da área.

O Conhecimento do Conteúdo varia de acordo com cada área. No entanto, há padrões básicos elencados para as noções de todos eles: o professor acredita possuir conhecimento suficiente sobre a sua área; detém o modo de pensamento característico dela; e possui a habilidade de pensar sua disciplina de diversas formas e por meio de estratégias diferentes.

O Conhecimento Pedagógico (PK – do inglês *Pedagogical Knowledge*) abrange os procedimentos de aplicação prática em termos de aprendizagem do estudante, gerenciamento de sala de aula, desenvolvimento e implementação de planos de aula e avaliação da aprendizagem, entre outros. O professor precisa estar apto a utilizar de maneira intencional e consciente métodos ou técnicas na sala de aula, bem como conhecer seus estudantes e compreender as estratégias possíveis para avaliá-los. Com o conhecimento pedagógico, o professor consegue entender como os estudantes constroem seus conhecimentos e como desenvolvem competências e habilidades. Incluem-se nesse âmbito saberes cognitivos, sociais e teorias do conhecimento e de aprendizagem (SHULMAN, 1986).

Categorias fundamentais a respeito do Conhecimento Pedagógico envolvem a avaliação da aprendizagem de múltiplas maneiras, a adequação das questões de ensino de acordo com os conhecimentos e os estilos de aprendizagem de cada estudante, a capacidade de valer-se de uma gama de abordagens para atingir os objetivos educacionais e o conhecimento dos equívocos e acertos mais comuns, bem como a habilidade de organizar e manter o gerenciamento do ambiente educacional.

Para Shulman (1986), não basta um ou outro corpo de conhecimento para uma efetiva ação docente. O autor argumenta que, na intersecção desses dois primeiros conhecimentos, há um terceiro, mais completo e complexo, intitulado Conhecimento Pedagógico do Conteúdo (PCK – do inglês *Pedagogical Content Knowledge*). Este vai além do conteúdo específico por si só, de forma que abarque o conhecimento do conteúdo para fins de ensino. Refere-se à capacidade de selecionar e trabalhar com exemplos, analogias, ilustrações, demonstrações e explicações, ou seja, com as diferentes formas de representação e formulação de determinado assunto para a compreensão e o aprendizado de outros sujeitos.

Por Conhecimento Pedagógico do Conteúdo entendem-se as competências do professor para fazer determinado assunto de sua área específica ser fácil ou difícil de ser compreendido. Estão incluídos nesse âmbito, por exemplo, os conceitos ou preconceitos de estudantes de diferentes idades e origens que possam influenciar na aprendizagem dos assuntos e lições mais frequentes. Caso esses conceitos, ou preconceitos, se caracterizem como equivocados, devem ser aplicados conhecimentos dos melhores métodos para reorganizar o entendimento dos estudantes, a fim de que possam aprender os conceitos da maneira correta. A habilidade requisitada ao docente é a de saber selecionar as abordagens de ensino mais eficazes com o intuito de orientar o pensamento e a aprendizagem dos estudantes, cada professor com foco em sua própria área do conhecimento.

Nas últimas décadas, não tem sido suficiente conhecer o conteúdo específico a ser ensinado, nem as bases pedagógicas da iniciativa docente, nem mesmo deter o conhecimento pedagógico do conteúdo. Ocorreram mudanças na forma e no conteúdo da educação, bem como nas relações entre professores e estudantes no contexto escolar. Metodologias ativas e o uso intensivo das Tecnologias Digitais de Informação e Comunicação (TDIC) são duas vertentes nesse novo contexto. Por tal questionamento às ideias citadas, Koehler e Mishra (2005, 2008, 2009) avançam na incorporação do que foi denominado e é conhecido como TPACK (do inglês *Technological Pedagogical Content Knowledge*). Traduções para esse termo podem ser: "Conhecimento Pedagógico dos Conteúdos Tecnológicos" ou "Conhecimento Pedagógico, Tecnológico e de Conteúdo". Assim, os autores incorporam à estrutura do modelo explicativo da ação docente outros corpos: Conhecimento Tecnológico (TK), Conhecimento Tecnológico Pedagógico (TPK), Conhecimento Tecnológico do Conteúdo (TCK) e o próprio Conhecimento Pedagógico dos Conteúdos Tecnológicos (TPACK).

O TPACK vai além da mera instrumentalização digital. Trata-se de compreensão mais ampla sobre a função dos conhecimentos tecnológicos presentes tanto em situações de ensino e de aprendizagem presenciais quanto online. Tal observação tem por finalidade reconhecer o apoio da tecnologia na educação. Por se tratar de um conhecimento tecnológico, a reflexão sobre ele se insere nas questões de planejamento de ensino. Envolve os desafios incorporados pelo avanço tecnológico acelerado advindos de suas transformações bem como a necessidade de atualização permanente de quem se utiliza deles. Os autores argumentam, entretanto, que essa conceituação não é definitiva, como tampouco é a tecnologia em si, e pode sofrer alterações de acordo com os avanços científicos.

Nesse sentido, muitos dos desafios referem-se às habilidades de um professor para saber resolver suas próprias dificuldades técnicas, aprender que as tecnologias já trazem consigo um tipo de conteúdo: são importantes seu entendimento para uso e seleção em seus projetos de ensino e de aprendizagem; a necessidade de manter-se atualizado, conhecer as tecnologias que seleciona para um determinado tipo de ensino e de aprendizagem; as habilidades técnicas para utilizá-las e gostar de explorá-las, por vezes de forma descomprometida (KOEHLER; MISHRA, 2008).

O Conhecimento Tecnológico Pedagógico (TPK – do inglês *Technological Pedagogical Knowledge*) engloba compreender como ensino e aprendizagem mudam quando determinadas tecnologias são empregadas no processo educacional. Para tanto, é necessário o estudo de possibilidades e restrições pedagógicas das ferramentas tecnológicas à disposição, bem como verificar de que forma elas podem se relacionar de maneira apropriada com os métodos e as estratégias educacionais previstas. Esse pressuposto indica que uma tecnologia não possui apenas uma utilização pedagógica possível. A lousa, considerada também uma das tecnologias, não carrega em si mesma, como única opção de uso, a aula expositiva: ela pode ser utilizada em um brainstorming. O mesmo vale para softwares e aplicativos: não é viável pensar em uma única maneira de usar tais ferramentas. Segundo Koehler e Mishra (2008), deve-se ressaltar a importância do desenvolvimento de soluções e usos criativos e flexíveis com as tecnologias disponíveis, a fim de potencializar sua utilização para determinadas propostas pedagógicas.

Esses autores destacam ainda que são necessárias as habilidades de: saber selecionar tecnologias que melhorem o ensino e a aprendizagem de forma crítica, consciente e intencional; conseguir adequar o uso das tecnologias a diferentes atividades de ensino; e poder ajudar e coordenar outros professores no uso intencional de tecnologias no ensino deles.

O Conhecimento Tecnológico do Conteúdo (TCK – do inglês *Technological Content Knowledge*) envolve a compreensão de como tecnologia e conteúdo específico se modificam mutuamente. Segundo Koehler e Mishra (2008), os professores precisam saber, além do conteúdo da sua disciplina em si, como os temas – ou suas representações – podem ser modificados a partir da aplicação de tecnologia. Por exemplo: o desenvolvimento do carbono-14 como técnica de determinação mais precisa de datas em pesquisas históricas mudou significativamente a própria maneira de construir conhecimento na área. A tecnologia mudou a representação do conhecimento – e não necessariamente o conhecimento em si – nos casos dos fractais na Matemática e do DNA na Biologia. Em termos práticos, é importante que o professor consiga, ainda segundo Koehler e Mishra

(2008), e também Nakashima (2014), conhecer as tecnologias que podem ser úteis na compreensão e no fazer de sua disciplina específica.

O Conhecimento Pedagógico dos Conteúdos Tecnológicos (TPACK – do inglês *Technological Pedagogical Content Knowledge*) trata de um corpo de conhecimento que vai além da pura e simples junção das três partes que o compõem. Vem da interação de pedagogia, tecnologia e conteúdos específicos por meio de um ensino com tecnologias significativo e profundamente estruturado. Rolando et al. (2018, p. 38) indicam que "as tecnologias teriam potencial de mudar a natureza da sala de aula, na medida em que possibilitavam representações e demonstrações cujas implicações pedagógicas poderiam ajudar a tornar o conteúdo mais acessível para o estudante".

Tanto o PCK quanto o TPACK têm implicações nos diversos níveis e modalidades de ensino. E, por isso, no contexto da educação superior, é importante vê-los no âmbito do ensino de adultos, ou seja, da andragogia. Essa palavra tem origem no grego *andros*, de adulto, *agogus*, de conduzir, educar – ou seja, trata-se da educação de adultos, que surgiu, de certa forma, como posicionamento frente à pedagogia. No entanto, o conceito de Knowles (1973) desenvolveu-se como um corpo teórico maior, que leva em consideração aquilo que o adulto já traz consigo em termos de bagagem cultural e vivência, bem como uma aplicação do conhecimento no seu mundo prático do trabalho, de forma a tornar significativa a construção do conhecimento no processo educacional.

Assim, a educação desse público demanda autonomia e é direcionada à autodeterminação, o que caracteriza um processo no qual os estudantes têm a iniciativa de estudar com base em suas próprias ações, desejos e anseios: diagnóstico de necessidades de aprendizagem, formação de objetivos, identificação dos recursos necessários e avaliação da sua aprendizagem. O estudante tende à independência na educação, de forma autônoma e autodirecionada, o que coloca o professor no papel daquele que desperta vontade e motiva o aluno.

A tecnologia selecionada pelo professor com intencionalidade pedagógica (PICONEZ; NAKASHIMA, 2011; OLIVEIRA, 2019) e foco no desenvolvimento de competências de área específica pode fomentar a aprendizagem autônoma dos estudantes, voltada para sua vida, para a prática profissional, para o aprender a aprender. Aproxima-se da heutagogia: uma visão educacional focada na autoaprendizagem e na perspectiva do conhecimento compartilhado, com foco em experiências.

A autogestão da aprendizagem é um processo ativo que leva o estudante à busca de meios próprios de feedback, avaliação e compartilhamento de experiências de vida. Refere-se à reorganização das experiências cotidianas de cada estudante, por meio de interlocução, reflexão e compartilhamento – o que pode ser fomentado pelas tecnologias. A heutagogia favorece a formação para um mundo em contínuo desenvolvimento, "o que exige flexibilidade para atuar em espaços de trabalho carregados de incertezas. A abordagem volta-se para a formação de pessoas que possam 'ser proativas em lugar de simplesmente reativas' e comprometidas com a construção da cidadania" (ALMEIDA, 2009, p. 107).

Esse discurso da autonomia e do autodirecionamento do estudante tem sido utilizado, especialmente por grandes corporações educacionais de capital aberto, no sentido de expandir exponencialmente a quantidade de alunos por curso sem o apoio necessário, tanto em termos de tutoria quanto de design instrucional. O binômio expansão versus qualidade vem à tona: Altbach (2010) indica que acesso significa desigualdade, ou seja, quanto mais pessoas têm acesso à educação superior, mais díspares são suas experiências formativas. Oliveira e Piconez (2017), em um estudo sobre as avaliações oficiais dos cursos superiores no Brasil, apontaram que o número de estudantes no ensino superior no país cresceu nos últimos tempos, especialmente na EaD, e que de fato há desigualdade na formação. No entanto, essa desigualdade não está demonstrada quando se comparam as avaliações dos cursos presenciais e daqueles ofertados a distância, mas há uma correlação entre o tipo de instituição: as públicas, mesmo na EaD, têm avaliações melhores do que as privadas.

Para fins didáticos, o *framework* teórico (Figura 1.1) ilustra os diferentes tipos de conhecimentos bem como suas intersecções. Enfatiza a importância da apropriação da tecnologia no ensino e na aprendizagem de determinado assunto específico.

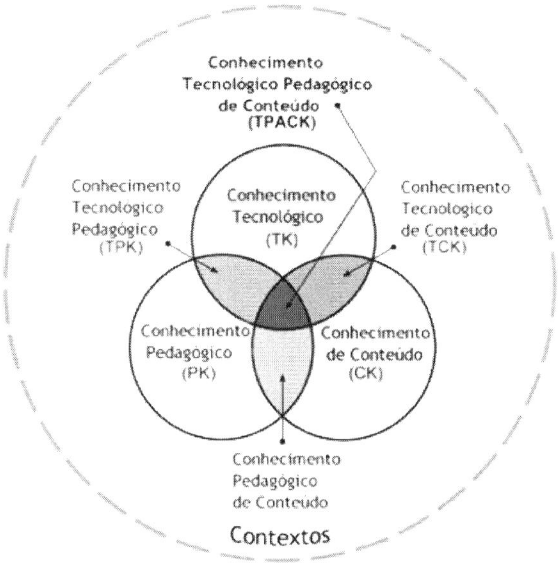

Figura 1.1 *Framework* teórico da interação de conhecimento. Fonte: https://pt.wikipedia.org/wiki/Tpack#/media/Ficheiro:TPACK_pt-BR.png (Domínio público). Acesso em: 9 out. 2020.

De acordo com Koehler e Mishra (2008), em termos práticos a aplicação desse modelo explicativo da ação docente é fundado nas seguintes bases:

- representação didática de conceitos com a utilização de tecnologia;
- métodos pedagógicos que se sirvam da tecnologia para uma construção efetiva do conhecimento de determinado conteúdo;
- conhecimento de quais fatores dificultam ou favorecem a aprendizagem e como a tecnologia pode auxiliar na solução de problemas que os estudantes possam enfrentar;
- ciência dos conhecimentos prévios dos estudantes e das teorias e epistemologias que estão envolvidas no processo educacional; e
- conhecimento de como as tecnologias podem ser utilizadas na construção de conhecimentos existentes e no desenvolvimento de novas epistemologias ou no fortalecimento de antigas.

Em síntese, "trata-se da base do que se pode chamar de um 'bom ensino' e pressupõe a representação de conceitos teóricos com o uso de tecnologias, bem como técnicas e aportes pedagógicos na transposição de conteúdos" (SANTO; CARDOSO; SANTOS, 2018, p. 5). Essas definições revelam que não existe uma solução pedagógica única válida para toda e qualquer situação que se coloque no contexto educacional. Cada situação que ocorra em uma sala de aula ou outro espaço formativo pode ser resolvida com uma combinação própria ou uma tessitura conjunta dos elementos componentes do TPACK. Koehler e Mishra (2008) são categóricos ao afirmar que não há uma única solução tecnológica que se aplique a todos os professores, em todos os contextos educacionais e para toda visão de ensino. Uma alternativa, provavelmente, consistiria na capacidade de o professor navegar de forma flexível no espaço entre os corpos de conhecimento e entre as complexas interações entre eles em um contexto específico.

Especialmente quando se trata de educação a distância, para a qual as Tecnologias Digitais de Informação e Comunicação são essenciais, o conhecimento e a reflexão sobre o TPACK são relevantes. Segundo Mill e Silva (2018), o domínio dessas tecnologias, a gestão do tempo e o gerenciamento de equipes são saberes que também precisam ser considerados quando se pensa o TPACK na EaD, ou seja, para a docência virtual.

Desde a construção e divulgação desse *framework* teórico, pesquisadores ao redor do mundo se debruçaram sobre ele. Além dos trabalhos publicados em anais de eventos e de artigos em periódicos, o assunto tomou tal relevo que foi tema de duas edições de *Handbooks*, guias em inglês editados sobre assuntos de importância dada ou crescente.

A primeira edição do *Handbook of Technological Pedagogical Content Knowledge (TPCK) for Educators* (AACTE, 2008) foi dividida em três partes: o que é TPACK; integração do TPACK em áreas específicas; e integração do TPACK na formação de professores e no desenvolvimento profissional. A primeira parte é introdutória e possui uma descrição do *framework* por Koehler e Mishra (2008), base das discussões da seção, e um capítulo sobre as ligações possíveis entre aspectos culturais e aspectos digitais, o que caracteriza o TPACK como fator capaz de proporcionar igualdade de acesso à tecnologia (KELLY, 2008).

Na segunda parte do livro são tratadas as pesquisas a respeito do TPACK em áreas específicas, como a ocorrida em Ciências Sociais (LEE, 2008), Matemática (GRANDGENETT, 2008) e Artes (DEPLATCHETT, 2008). A última parte do livro foca a pesquisa sobre TPACK por meio da colaboração entre associações educacionais (BULL; BELL; HAMMOND, 2008) e dois pontos que passaram a marcar as pesquisas sobre o tema especialmente a partir de então: o TPACK para professores em formação (NIESS, 2008) e para professores em exercício (HARRIS, 2008).

Essa divisão entre TPACK para professores em formação e para professores em exercício marcou boa parte dos capítulos da segunda edição do *Handbook of Technological Pedagogical Content Knowledge (TPACK) for Educators* (HERRING; KOEHLER; MISHRA, 2016). Para além da introdução, o livro, tal qual a primeira edição, é dividido em três partes: Teoria, Pesquisa e Implicações Práticas.

Na primeira, destaca-se o debate sobre as pesquisas a respeito da teoria do *framework*, com base em um extenso levantamento bibliográfico em bases científicas que geraram um grande número de resultados. A partir da análise dessas informações coletadas, Angeli, Valanides e Christodoulou (2016) apontaram que há ao menos cinco representações visuais do TPACK - que correspondem a cinco visões particulares do *framework*.

A segunda parte aborda aspectos da pesquisa sobre TPACK, como os métodos qualitativos (ARCHAMBAULT, 2016) e quantitativos (CHAI; KOH; TSAI, 2016) na análise de dados sobre a área. Por fim, a terceira parte traz aplicações práticas do TPACK em diversos domínios (ciências, matemática, artes etc.), tanto para ensino básico quanto superior, e em investigações realizadas nos dois públicos já delimitados: professores em exercício e professores em formação.

A respeito desse último público, Mouza (2016) destaca que os cursos de formação de professores desempenham papel fundamental para que os futuros docentes construam o conhecimento teórico e prático do TPACK. Essa ação constitui também um desafio, uma vez que o *framework* não dá um passo a passo ou uma receita nem para tal construção de conhecimento nem para a sua aplicação com os estudantes. Aponta para a necessidade de mais pesquisas com esse público, seja em seus métodos ou trajetórias de aprendizagem com relação ao TPACK, seja no fortalecimento e validação do *framework*. Essa investigação também tem como público os professores em formação, com o intuito de contribuir para a pesquisa acadêmica na área, conforme proposto por Mouza (2016), e para a própria formação de professores no Brasil.

Entre o primeiro e o segundo *Handbook*, a sigla do *framework* se alterou de TPCK para TPACK. E essa alteração não foi apenas estética (em vez de se pronunciar, em português, tê-pê-cê-ká, passa-se a formar uma palavra com sonoridade própria, mais fácil de falar e de memorizar). A alteração para TPACK também teve a intenção de mostrar que os três elementos não podem ser tomados individualmente, em separado, mas sim em uma integração orgânica que forma um corpo de conhecimento próprio, com a conotação, inclusive, de *Total PACKage*, "pacote completo", em tradução livre. No entanto, nem todos os pesquisadores da área adotaram essa nova denominação e ainda hoje é possível encontrar ambas as siglas em trabalhos acadêmicos (ANGELI; VALANIDES; CHRISTODOULOU, 2016).

Recente publicação a respeito do TPACK é o *Handbook of research on TPACK in the Digital Age* (NIESS; GILLOW-WILES; ANGELI, 2019). A obra traz trabalhos de autores de vários países (inclusive de um brasileiro) e é dividida em três seções: a primeira trata de estudos voltados ao TPACK como abordagem para repensar a formação de professores por meio da integração da tecnologia; a segunda e a terceira seções se referem, respectivamente, a aspectos pedagógicos e tecnológicos que têm sido utilizados para desenvolver e transformar a formação de professores para o TPACK. Duas preocupações que têm emergido nesses trabalhos recentes: fatores que influenciam nos elementos do TPACK e elementos que vão além do modelo.

Flores (2018) retoma os fatores influenciadores do TPACK, que podem fortalecer sua prática ou atrasar sua implementação: além do contexto, devem ser consideradas a concepção dos professores sobre aprendizagem, a estrutura organizacional da instituição, a autopercepção da sua suficiência com relação às tecnologias e elementos intangíveis (como questões ideológicas e éticas) que envolvem o currículo e a ação no local onde ensina. A formação do professor e suas experiências também são relevantes, bem como seus estudantes e sua área de atuação – os professores de ciências exatas e naturais, por exemplo, costumam dar mais ênfase aos conteúdos, enquanto os de humanidades tendem a centrar a aprendizagem em seus estudantes. Em síntese: a integração das tecnologias é direta e indiretamente influenciada pelas crenças dos professores e pela cultura da sua instituição. As melhores práticas se encontram em escolas ou universidades nas quais a integração das tecnologias perpassa as concepções de currículo, de ensino, de aprendizagem e de avaliação (FLORES; ORTIZ; BUONTEMPO, 2018).

Há elementos que extrapolam o uso intencional pedagógico da tecnologia para ensinar determinado conteúdo. Espinosa, Porlán e Sánchez (2018) sugerem que, das competências do professor que utiliza tecnologias, faz parte a consciência de que suas ações influenciam o modo como o estudante encara e utiliza as tecnologias. Reiteram que ao pensar no professor universitário como aquele que se dedica à docência, pesquisa e gestão, há cinco níveis de domínio da tecnologia: técnico, informacional/comunicativo, educativo, analítico e social e ético:

- o domínio da técnica refere-se ao uso instrumental da tecnologia;
- o domínio informacional/comunicativo está voltado para a comunicação em rede e pesquisa e uso crítico de informações;
- o domínio educativo trata de planejamento, gestão e avaliação de ambientes virtuais, integração das tecnologias em processos formativos e interação, tutoria e avaliação dos estudantes com apoio desses meios;
- o domínio analítico foca análise e reflexão pessoal sobre as tecnologias, bem como gestão do desenvolvimento profissional e formação permanente por meio do seu uso;
- o domínio social e ético está relacionado à consciência do impacto social das tecnologias, à inovação tecnológica, à privacidade e segurança em rede e à ética no uso das tecnologias.

Em outras palavras, um professor com alto nível de domínio tecnológico não é apenas capaz de usar as tecnologias para enriquecer suas estratégias didáticas, mas também é apto a propor e desenvolver práticas inovadoras baseadas nas novas e mais recentes opções, com consciência ética e social desse papel.

Esteve, Castañeda e Adell (2018) apontam que as tecnologias permitem criar redes de comunicação com os estudantes, suas famílias e outros colegas de forma a gerar espaços horizontais de formação, o que demonstra que a missão do professor não é apenas acadêmica, mas também política e social, comprometida com a construção de cidadãos e, por consequência, de uma sociedade mais humana e justa.

Bates (2015) salienta que há necessidade de escolher as mídias e recursos a serem aplicados em contextos educacionais com base em critérios delimitados. De acordo com os estudos desse autor, a decisão na seleção de mídias precisa levar em conta: estudantes, facilidade de uso, custos, funções didáticas (inclusive as já previstas para as mídias), interação, questões organizacionais, formação de redes e segurança e privacidade.

Na consideração sobre *estudantes*, o autor relata que é necessário levar em conta aspectos demográficos, de acesso e estilos de aprendizagem ou relativos ao modo como eles lidam na aprendizagem com tecnologias. Por exemplo, a idade do corpo discente, sua localização, os recursos tecnológicos que têm à disposição e o nível de familiaridade com eles, o estilo de aprendizagem predominante etc.

A *facilidade de uso*, por sua vez, refere-se ao fato de que a tecnologia é um meio para a aprendizagem, e não sua finalidade. Os usuários precisam utilizar o tempo no processo de aprendizagem do conteúdo, e não para descobrir como utilizar a tecnologia ou para fazer com que ela funcione. É necessário saber, então, qual é o nível de facilidade de uso da tecnologia a ser selecionada e se é necessário algum pré-requisito do usuário ou dos sistemas para que ela possa ser utilizada, bem como os níveis de usabilidade, acessibilidade e responsividade dessa tecnologia.

Quanto ao aspecto *custos* há que considerar diferentes análises; não se constitui como principal argumento na seleção de uma mídia, mas deve ser considerado. Engloba desenvolvimento, entrega, manutenção e infraestrutura da tecnologia. É necessário considerar o custo efetivo da tecnologia, se há opções semelhantes gratuitas, se os valores são únicos ou por um período de tempo etc.

Em relação às *funções didáticas*, o foco de análise deve recair na parceria entre o professor e o responsável pelo design instrucional da instituição na seleção das mídias a serem utilizadas. O autor considera que devem ser respeitados os fatores de coerência, redundância, contiguidade, segmentação e possibilidade de uso de imagens e áudios, e sua interação com as necessidades pedagógicas. Também se faz necessário observar como os princípios de aprendizagem multimídia (ou outras dimensões educacionais nas quais a instituição se baseie) se aplicam ao contexto de ensino, quais desses princípios podem ser potencializados pelo uso das tecnologias selecionadas e o funcionamento adequado ao ensino previsto.

Bates (2015) ainda destaca as relações de *interação* dos estudantes com os materiais de aprendizagem selecionados e aquelas entre os atores do processo educacional (estudantes, professores, tutores, instituição etc.). A seleção de tecnologias inseridas em um ambiente virtual precisa considerar a interação prevista para os processos educacionais, pessoas envolvidas, níveis de atuação, modo de aplicação relacionada aos contextos de aprendizagem, bem como as ferramentas que podem fornecer o mesmo tipo de interação.

As *questões organizacionais* têm foco na instituição e na estrutura das atividades docentes; nas tecnologias ou recursos instrucionais em uso; e no apoio que fornece para o uso dessas e de outras tecnologias que possam ser utilizadas.

A formação de *redes sociais de estudo*, comunicação e compartilhamento precisa beneficiar os estudantes no desenvolvimento de suas aprendizagens; deve ser apoiada por especialistas, profissionais da área, ou até mesmo se dar com a comunidade do entorno institucional. O autor ainda observa que, caso seja importante ou favoreça a aprendizagem dos estudantes, essas conexões externas influenciam na escolha da tecnologia, pois é necessário considerar o formato de implementação.

Por fim, *segurança e privacidade* referem-se ao modo como a instituição é responsável por proteger os dados dos usuários a ela ligados – por meio de codificações, senhas etc. –, bem como por impedir a ocorrência de problemas como assédio ou *bullying* por meio das tecnologias. A seleção das tecnologias pela instituição é importante em termos de segurança e privacidade dos dados – que precisam se manter fechados – e das opções tecnológicas para atingir tal finalidade.

2. Ensino com tecnologias: EaD, ensino remoto e educação presencial

2.1 Aspectos legais

A educação a distância é reconhecida legalmente no Brasil como modalidade de ensino desde a LDB – Lei de Diretrizes e Bases da Educação Nacional (BRASIL, 1996). Anteriormente, a EaD era tratada como algo clandestino ou excepcional (GOMES, 2009). Embora tenha reconhecido a EaD como modalidade de educação, a LDB deixou traços que a marcavam como algo secundário e auxiliar, como citado em trechos do artigo 32: "o ensino fundamental será presencial, sendo o ensino a distância utilizado como complementação da aprendizagem ou em situações emergenciais". Embora a legislação educacional esteja em permanente atualização, essa visão permaneceu nas alterações ocorridas em 2009, como a redação dada ao artigo 62: "A formação inicial de profissionais de magistério dará preferência ao ensino presencial, subsidiariamente fazendo uso de recursos e tecnologias de educação a distância" (BRASIL, 2009).

Entretanto, o artigo 80 da LDB, segundo o qual o poder público deve incentivar a educação a distância em todos os níveis e modalidades de ensino, foi regulamentado em 1998, o que deu mais ênfase ao "a distância" do que às questões educacionais. O documento normativo não gerou grandes movimentos nas instituições de ensino superior (GOMES, 2009). Em 2005, por meio do Decreto n. 5.622, a EaD foi novamente regulamentada, mas com ênfase muito semelhante à anterior, e, para fins legais, passou a ter a seguinte definição:

> *[...] caracteriza-se a educação a distância como modalidade educacional na qual a mediação didático-pedagógica nos processos de ensino e aprendizagem ocorre com a utilização de meios e tecnologias de informação e comunicação, com estudantes e professores desenvolvendo atividades educativas em lugares ou tempos diversos (BRASIL, 2005).*

Em 2016, a publicação de uma resolução do Ministério da Educação atribuiu nova definição para a EaD. Mudanças conceituais ocorreram e o novo reconhecimento passou a ser: "forma de desenvolvimento do processo de ensino-aprendizagem mediado por tecnologias que permitem a atuação direta do professor e do aluno em ambientes físicos diferentes" (BRASIL, 2016).

O Decreto n. 9.057, de 2017, revogou por completo o Decreto n. 5.622, de 2005. Nele, o reconhecimento da EaD se dá como:

> *[...] a modalidade educacional na qual a mediação didático-pedagógica nos processos de ensino e aprendizagem ocorra com a utilização de meios e tecnologias de informação e comunicação, com pessoal qualificado, com políticas de acesso, com acompanhamento e avaliação compatíveis, entre outros, e desenvolva atividades educativas por estudantes e profissionais da educação que estejam em lugares e tempos diversos (Brasil, 2017).*

Levando em conta o teor total dos documentos, a EaD não é delimitada como uma modalidade separada das demais, mas é também uma forma de desenvolvimento do processo educacional. A EaD inclui diferentes níveis de ensino (educação superior, educação básica, educação corporativa, entre tantas) assim como, diversas abordagens de ensino (*mobile-learning, ubiquous-learning, blended learning*) e demais modalidades, como ocorre, por exemplo, com iniciativas de cursos presenciais que, atualmente, podem oferecer até 40% da sua carga horária de forma não presencial, amparados pela Portaria n. 1.428/2018 do Ministério da Educação (BRASIL, 2018).

O Decreto n. 5.622, nas modalidades e nos níveis de ensino formais elencados (educação básica, de jovens e adultos, especial, profissional e superior), confirma que "deverá estar prevista a obrigatoriedade de momentos presenciais" (BRASIL, 2005) ao menos para as seguintes finalidades: avaliação da aprendizagem dos estudantes, estágios obrigatórios e defesas de trabalho de conclusão de curso (para ambos, caso estejam previstos na legislação pertinente), bem como atividades práticas em laboratórios.

Essa obrigação legal de momentos presenciais na educação a distância formal apresenta-se como característica brasileira. Aspectos culturais levaram a acreditar que, ao obrigar o estudante a ir a um polo presencial, se "comprovaria" que ele mesmo fizera a prova ou defendera o trabalho e, consequentemente, que ele próprio desempenhara as demais atividades a distância e teria aprendido. Referia-se à busca por uma certificação e não à construção do conhecimento em si. Segundo Chaves Filho (2012, p. 346), o que merece consideração é "o valor atribuído ao diploma em nossa cultura, intimamente associado ao potencial de mudança de condição social pela melhoria de perspectivas profissionais e de salário".

Esse aspecto referente a atividades presenciais não tem respaldo mundial. Litto (2009) cita o caso da diferença entre competência legal e competência real. A primeira refere-se ao diploma de fato, enquanto a segunda trata do desenvolvimento de habilidades, competências e conhecimentos requeridos para exercer determinada função. Em tese, quem detém a competência legal não possui necessariamente a real, e vice-versa. "Durante os últimos 150 anos, no Reino Unido, indivíduos podiam prestar exames para certificação acadêmica e não acadêmica, sem nunca ter sentado em uma sala de aula e, passando nos exames, recebiam diplomas ou certificados apropriados" (LITTO, 2009, p. 17-18). Sobre o mesmo debate, Guimarães (2012, p. 129) complementa que "a construção de conhecimentos valorizados pela sociedade está cada vez menos confinada nas instituições educativas (espaço), nem se limita à formação inicial obtida (tempo)".

A obrigatoriedade da presença nos processos educacionais a distância deixou de existir a partir do Decreto n. 9.057 de 2017. Já não se mencionam momentos presenciais compulsórios. Como consequência, os polos de apoio presencial também deixam de ser um requisito obrigatório, uma vez que no decreto anterior ele estava atrelado às atividades de realização presencial obrigatória. A lógica é: polos presenciais servem para as atividades presenciais; se as atividades presenciais já não são obrigatórias, os polos também não são. Isso fica ainda mais claro no seguinte trecho do decreto, que trata da solicitação de credenciamento de instituições de ensino superior privadas para oferta de cursos superiores na modalidade a distância:

> *O credenciamento [...] considerará, para fins de avaliação, de regulação e de supervisão [...], a sede da instituição de ensino acrescida dos endereços dos polos de educação a distância, quando previstos no Plano de Desenvolvimento Institucional e no Projeto Pedagógico de Curso (BRASIL, 2017).*

Ou seja: os polos de apoio presencial só são requisitos para o credenciamento se estiverem previstos no Plano de Desenvolvimento Institucional (PDI) e no Projeto Pedagógico do Curso (PPC).

Outro diferencial é que, anteriormente, uma instituição autorizada a ofertar cursos de pós-graduação lato sensu não poderia oferecer cursos de outros níveis ou modalidades (como graduação, por exemplo), a menos que fizesse nova solicitação ao Ministério da Educação, para o novo nível. Agora, os antes exclusivos credenciamentos para ofertar "cursos de pós-graduação lato sensu na modalidade a distância, concedidos a instituições de ensino superior, serão considerados também para fins de oferta de cursos de graduação nesta modalidade, dispensado novo credenciamento ou aditamento" (BRASIL, 2017).

Como citado, a LDB já prevê o ensino com apoio de tecnologias em qualquer nível de ensino em momentos de situações emergenciais – por exemplo, durante a pandemia de Covid-19 no Brasil em 2020-2021. Entretanto, a fim de diferenciar esse tipo de ensino com tecnologias – emergencial e, por isso, que não segue todos os pressupostos teóricos e legais para o uso intencional das tecnologias, como na EaD – tem-se adotado a terminologia "ensino remoto" ou outra equivalente. Nesse sentido, a exceção colocada pelo artigo 32 da LDB não tem sido tratada como EaD pura, mas sim ensino remoto. De toda forma, a reflexão a respeito da didatização das tecnologias é igualmente relevante, uma vez que se trata de uma adoção generalizada dessas práticas para que ao menos algum tipo de educação seja posto em prática e não deixe um hiato até que a situação se normalize.

E este, certamente, é um caminho sem volta: mesmo com a normalização pós-pandemia ou em qualquer outra situação emergencial que possa fazer com que se utilizem com mais afinco as tecnologias mesmo nos contextos presenciais, a inserção das tecnologias na educação é irreversível. Escolas e faculdades privadas e com altas mensalidades já utilizam computadores, tablets, aplicativos e outros dispositivos para ensino, e, guardadas as devidas proporções, as demais instituições também precisam incorporar no dia a dia essas inovações. Não por modismo, mas pelas potencialidades que o uso intencional das tecnologias pode trazer.

2.2 Design didático ou instrucional

Uma área que tem ganhado destaque especialmente após o aumento na oferta de cursos de graduação a distância é o design instrucional. O conhecimento sobre o uso intencional de ferramentas tecnológicas no ensino e na aprendizagem de cursos EaD perpassa pelo menos as áreas de educação, tecnologia, gestão e comunicação. Deve-se ter ciência das escolhas particulares que podem ser utilizadas para conectar estudante, docente e instituição de ensino, com a consciência de suas potencialidades e de seus limites no processo educacional a distância. Segundo Shearer (2003), quem trabalha com design instrucional, em especial na EaD, faz uma série de escolhas conscientes cada vez que se planeja e desenvolve um curso para determinado público-alvo.

Mas essa não é uma área que surgiu para EaD: o professor da educação presencial também realiza o design instrucional de seu curso ou disciplina. Smith e Ragan (1999) exemplificam: uma professora em seu ambiente de trabalho, olhando as notas de seus estudantes, pensando nas estratégias que ela utilizou em aula e trabalhando em novas maneiras de ensinar na próxima aula está fazendo o seu design instrucional. O professor realiza seleções conscientes no contexto presencial, que ele já conhece, seja por ter estudado presencialmente desde a educação infantil, seja por ter sido formado para tal. Para o processo educacional em sala de aula, o docente tem autonomia para definir a interação, as tecnologias, a avaliação, as estratégias de ensino etc.

Na educação a distância do Brasil costuma haver um profissional que desempenha esse papel intermediário na construção do conteúdo, entre o que o professor precisa ensinar e como o estudante aprende, ou seja, alguém que realiza o design instrucional. Esse profissional é o responsável pela transposição didática do conhecimento do professor para o contexto da EaD e da instituição na qual o curso é ofertado.

Para Smith e Ragan (1999), o termo design instrucional refere-se a um processo sistemático e reflexivo de transposição de aprendizagem e ensino por meio do planejamento de materiais, atividades, recursos informativos e avaliações instrucionais. Segundo Reigeluth (1983), esse é um campo do conhecimento concernente à compreensão e à melhoria do ensino. A intenção da atividade de design instrucional é obter os meios ideais de atingir os fins desejados na educação.

A origem do design instrucional como área do conhecimento remonta à Segunda Guerra Mundial (1939-1945), quando foi necessário treinar rapidamente muitas pessoas para manusear equipamentos com controle e perícia. "Para tanto, psicólogos e educadores norte-americanos que tinham experiência na condução de pesquisa experimental foram convocados a desenvolver materiais de treinamento para o serviço militar" (FILATRO, 2008, p. 7).

Barrhus Frederic Skinner, Jerome Bruner e David Ausubel estão entre os pesquisadores da educação importantes para o delineamento do design instrucional como área do conhecimento. Para Reigeluth (1983), o primeiro foi quem mais motivou as pesquisas na área como algo não idêntico às pesquisas científicas sobre aprendizagem e o pioneiro em integrar estratégias e princípios em um modelo instrucional testado empiricamente. Ainda de acordo com Reigeluth (1983), Bruner e Ausubel desenvolveram orientações cognitivas: Bruner criou um modelo instrucional baseado em métodos de descobrimento e estágios de desenvolvimento intelectual, enquanto Ausubel se dedicou a um modelo instrucional fundado em métodos de exposição e estruturas cognitivas, ou seja, na maneira como o conhecimento é organizado na memória do estudante.

Há outros pesquisadores relevantes para a área, como Benjamin Bloom, que coordenou os estudos sobre a taxonomia dos objetivos educacionais, e Robert Gagné, que publicou a obra *Como se Realiza Aprendizagem*. O primeiro criou uma classificação hierárquica dos domínios do conhecimento e seus respectivos objetivos educacionais, o que possibilitou aos profissionais da educação um embasamento para o planejamento, a execução e a avaliação de questões relativas ao ensino e à aprendizagem. Gagné desenvolveu a sequência de eventos instrucionais que guiam a organização hierárquica da aprendizagem, bem como identificam as condições prévias para facilitar a aprendizagem no sequenciamento de conteúdos (REIGELUTH, 1983).

Segundo Anderson e Dron (2012), Gagné estaria elencado na primeira geração de pedagogia para EaD, a cognitivo-behaviorista, com ênfase em estímulo-resposta e no modo como a educação pode mudar comportamentos observáveis – caso de treinamentos, por exemplo. A segunda geração é a socioconstrutivista, cuja ênfase está na aprendizagem colaborativa e cooperativa, e a terceira é a conectivista, que explora o potencial das redes no processo de conectar pessoas, tecnologias e conhecimentos em um processo de ensino e de aprendizagem complexo, completo e adaptativo.

O design instrucional na educação a distância envolve, entre outras ações, sequenciamento de conteúdo, seleção de objetivos de aprendizagem e critérios de avaliação, bem como decisões sobre autonomia dos estudantes, padrões de interação e acessibilidade e economia de escala. Shearer (2003) ainda indica que também faz parte do escopo do design instrucional para a EaD a definição de mídias, ferramentas ou tecnologias a serem empregadas no ensino e na aprendizagem.

A questão da autonomia é relevante para o design instrucional na EaD. Gagné, Briggs e Wager (1992) indicam que há métodos de aprendizagem a serem utilizados a depender da maturidade dos estudantes: aplicam-se estratégias didáticas diferenciadas na educação infantil e no ensino superior, por exemplo. Segundo Shaerer (2003), por causa do contexto cultural e da dependência de um sistema regulatório, o estudante está exposto sempre a algum nível de heteronomia. Para Peters (2011, p. 95, grifos do autor), é possível pensar em autonomia no processo educacional, nas ações didáticas, pois, para ele, autonomia "expressa uma situação na qual os seres humanos não mais são *objetos* da condução, influxo, ascendência e coerção educacionais, mas, sim, *sujeitos* de sua *própria* educação".

Controle, como um balanceamento dinâmico entre independência, poder e apoio, é um elemento necessário no design instrucional de um curso a distância. A proporção de controle que o design instrucional propõe não pode nem ser tanta que as demandas do cotidiano do estudante o forcem a desistir, nem tão pouca que ele se sinta abandonado e não consiga avançar nas demandas educacionais. Segundo Moore e Kearsley (2013), não se pode esquecer, entretanto, que autonomia é um conceito relativo, ou seja, os estudantes têm capacidades diferentes para tomar as decisões sobre seus próprios processos de aprendizagem.

Também faz parte das atribuições do designer instrucional planejar as possibilidades de interação do curso. Para Shaerer (2003), é necessário estabelecer como o estudante interagirá com os seus pares, com os docentes, com o conteúdo, com a interface do ambiente virtual de aprendizagem e com a própria instituição de ensino. Essas definições dependem de diversos fatores, como a tecnologia selecionada para o curso, o público-alvo, os valores da instituição etc. A interação contribui para o sentimento de pertencimento do estudante ao curso EaD. Para Moore e Kearsley (2013), não há possibilidade de existir um curso totalmente isento de interação, nem um curso totalmente executado de forma interativa: há alguma interação em todo processo educacional.

A economia de escala também tem sido um ponto de destaque no que se refere à educação a distância, uma vez que são separados os custos de desenvolvimento e de distribuição. No primeiro, estão incluídas as fases de análise do contexto, planejamento do curso e produção dos materiais didáticos (vídeos, áudios, materiais para impressão etc.). A distribuição engloba a entrega dos conteúdos didáticos aos estudantes, por meio do Ambiente Virtual de Aprendizagem (AVA), e os encargos com tutores e mediadores, por exemplo. Conforme aponta Shaerer (2003), no contexto da educação a distância, os custos de desenvolvimento são maiores do que os de distribuição, e é possível atingir um número maior de estudantes e por mais tempo em comparação com a educação presencial – no fim das contas, o chamado custo-aluno deve ficar reduzido. Há decisões pedagógicas que influenciam essa proporção: como cada tecnologia tem um valor de produção, é papel do design instrucional fazer o balanço de qual tecnologia pode dar o melhor resultado educacional para determinado público-alvo e, ao mesmo tempo, mostrar-se sustentável financeiramente. Esse valor é também denominado custo-compatível (MOORE; KEARSLEY, 2013) e deve não apenas se basear nos custos reais da estrutura, mas principalmente na qualidade do aprendizado resultante.

Cada vez que se decide utilizar determinada tecnologia ou combinação de tecnologias é necessário justificar os motivos e os propósitos. Para Shaerer (2003), conhecer e compreender as potencialidades de cada ferramenta e tecnologia à disposição está no escopo do design instrucional a fim de tomar decisões conscientes e implementá-las no contexto educacional com vistas à promoção da aprendizagem.

O processo intitulado ADDIE (acrônimo de *Analysis, Design, Development, Implementation* e *Evaluation* – em português, Análise, Design, Desenvolvimento, Implementação e Avaliação) é uma das formas de construir um curso em EaD a partir das fundamentações elencadas nos parágrafos anteriores. Há, conforme citam Oliveira, Garbin e Pirillo (2020), outras formas de construção de material didático, como os métodos ágeis, como Scrum e *Design Thinking*. A ênfase deve ser, sempre, na construção de materiais que favoreçam a aprendizagem dos alunos e atendam às necessidades de cada instituição.

Pelos fundamentos elencados, o design instrucional faz parte da grande área da educação. Em *Principles of Instructional Design* (Princípios do Design Instrucional), Gagné, Briggs e Wager (1992) tratam de princípios educacionais do design instrucional, como os processos básicos de aprendizagem e ensino, objetivos educacionais, eventos instrucionais, avaliação, ensino em grupo e individual etc., com bases cognitivo-behavioristas. É o mesmo foco de *Instructional-Design Theories and Models Volume I* (Teorias e Modelos de Design Instrucional), de Reigeluth (1983). Essa última obra é conhecida como "Livro verde do design instrucional", e, depois, seguiram-se mais três volumes, igualmente relevantes para a área (REIGELUTH, 1999; REIGELUTH; CARR-CHELLMAN, 2009; REIGELUTH; BEATTY; MYERS, 2017). O autor explicita que estão inseridas na educação subáreas, como currículo, avaliação e *instruction*, origem da palavra instrucional.

O debate contido na palavra instrução em português brasileiro se mostra na definição do profissional que trabalha com design instrucional. De acordo com o Código Brasileiro de Ocupações, a denominação principal desse trabalhador é designer educacional, e designer instrucional é uma definição secundária, ao lado de desenhista instrucional e projetista instrucional. A definição das ações desse conjunto de cargos é:

> *Implementam, avaliam, coordenam e planejam o desenvolvimento de projetos pedagógicos/instrucionais nas modalidades de ensino presencial e/ou a distância, aplicando metodologias e técnicas para facilitar o processo de ensino e aprendizagem. Atuam em cursos acadêmicos e/ou corporativos em todos os níveis de ensino para atender as necessidades dos alunos, acompanhando e avaliando os processos educacionais. Viabilizam o trabalho coletivo, criando e organizando mecanismos de participação em programas e projetos educacionais, facilitando o processo comunicativo entre a comunidade escolar e as associações a ela vinculadas (CBO, 2010, p. 321).*

Pesquisadores brasileiros como Filatro (2008, 2010) e Kenski (2015) defendem o uso do termo "instrucional", a fim de respeitar a origem da palavra e manter a carga semântica que delimita a área. Mas, como aponta Mattar (2014), traduzir literalmente como "instrução" não considera as questões culturais brasileiras e dá significado de aprendizagem unidirecional, passiva e tecnicista. O autor ainda aponta que, durante o processo de criação da ocupação no Ministério do Trabalho, os analistas não compreendiam bem que profissional era o designer instrucional, fator refletido no mundo do trabalho e no público em geral.

De acordo com Smith e Ragan (1999), educação é um processo amplo que abrange todas as experiências nas quais alguém aprende algo, seja de forma intencionalmente estruturada ou não. *Instruction*, ou instrução, ainda segundo os mesmos autores, é uma parte englobada na educação, mas não seu sinônimo, conforme ilustrado na Figura 2.1. Instrução é o planejamento e a criação de uma série de conteúdos e experiências especificamente focadas em determinados objetivos educacionais.

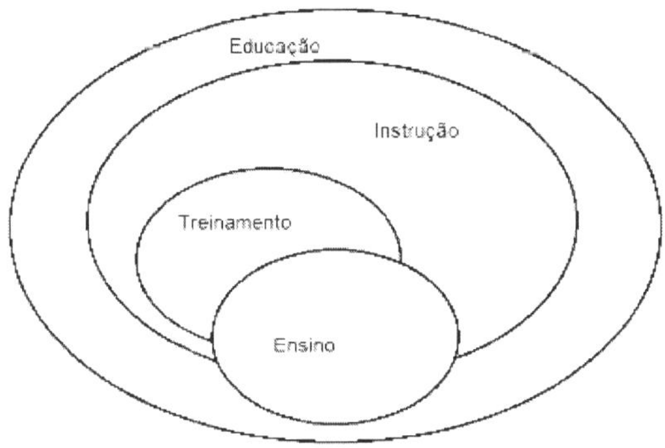

Figura 2.1 Relações entre os termos associados à instrução. Fonte: Adaptado de Smith e Ragan (1999).

A palavra instrução está mais ligada, no português brasileiro, a didática. Segundo Libâneo (2007), didática trata de questões de ensino, considerando objetivos, conteúdos, métodos e formas de organização de aula e suas relações entre si com vistas a garantir a aprendizagem do estudante. Filatro (2010, p. 46) também aponta essa ligação ao afirmar que a didática "remete diretamente ao design instrucional, a ponto de se confundir com ele, na medida em que ambos se ocupam de questões de planejamento e implementação de situações de ensino-aprendizagem". Em termos de utilização na comunidade acadêmica, design instrucional é mais comum, razão pela qual é a terminologia utilizada nesta obra.

Em geral, algum Ambiente Virtual de Aprendizagem (AVA) deve ser utilizado como suporte para a aprendizagem apoiada por tecnologias. Ambientes Virtuais de Aprendizagem são espaços na web onde se centralizam e simplificam a administração e a gestão dos processos educacionais. Nos AVA, os estudantes dos cursos são matriculados e os professores estão inscritos. Ou seja: "consistem em mídias que utilizam o ciberespaço para veicular conteúdos e permitir interação entre os atores do processo educativo" (PEREIRA; SCHMITT; DIAS, 2007, p. 4).

O AVA é o local onde ficam disponíveis os conteúdos de aprendizagem, onde ocorrem a interação e a interatividade, e é realizada a avaliação. Em suma, é o espaço de aprendizagem da EaD, que pode ser complementado por encontros presenciais, atividades de campo, trabalhos externos, exercícios em laboratórios, leitura de materiais offline etc. E, assim como a EaD utiliza-se de procedimentos da educação presencial, esta também se vale de métodos e instrumentos da educação a distância, e utiliza AVA por vezes para apoio às atividades presenciais.

Nas palavras de Filatro (2008, p. 119), os AVA "permitem o armazenamento de informações, a consulta a essas informações, a comunicação entre os usuários, o rastreamento de dados e a geração de relatórios sobre o progresso dos participantes". Essas opções gerenciais, como atribuição de notas, rastreamento e desenvolvimento de relatórios de uso e acessos, em geral não estão disponíveis para estudantes. Podem constituir parte dos privilégios dos demais papéis da EaD, como professores, tutores e designers instrucionais.

Estão incluídas nos AVA mídias que, a partir do uso intencional pedagógico, podem favorecer a aprendizagem dos estudantes. Elas podem ser classificadas, de acordo com Filatro e Cairo (2015), em: narrativas (utilizadas para mostrar ou contar algo, como textos, vídeos, infográficos, arquivos de slides etc.), interativas (que respondem às ações dos discentes, como ferramentas de busca e questionários), adaptativas (se alteram de acordo com as atitudes dos estudantes, como jogos, games e simulações), produtivas (cujo foco é a produção autoral de algum tipo de conteúdo, e exemplos são processadores de textos, edição de imagens, sons e vídeos etc.), comunicativas (permitem o diálogo entre pessoas, como chats, videoconferências, e-mails, fóruns etc.) e integrativas (que gerenciam atividades, como participação e desempenho e cujos exemplos são portfólios e tarefas). A EaD baseia-se no uso intencional e integrado dessas mídias em um AVA a fim de atingir determinados objetivos educacionais.

O termo Ambiente Virtual de Aprendizagem data de 1996, e decorre do avanço tecnológico e da mudança da centralidade dos sistemas para EaD, que passou dos conteúdos para as práticas pedagógicas, incluindo a possibilidade de aplicação de estratégias didáticas, como colaboração, cooperação, trabalho em grupo, resolução de problemas etc.

> *Os AVAs trouxeram uma perspectiva pedagógica na qual a interação e a mediação entre os sujeitos do processo de ensino-aprendizagem são realizadas por uma série de recursos de comunicação e interação, via internet. Neles, por meio das tecnologias e do planejamento educacional, são possíveis a gestão educacional, a viabilização de processos de*

> *ensino-aprendizagem e a disponibilização de conteúdos para a formação online (MILL, 2018, p. 31).*

Os AVA possibilitam o uso intencional e a aplicação de materiais e dos recursos, bem como o estabelecimento de interação, mediação e interatividade entre os atores do processo educacional, como estudantes, professores, tutores e demais membros da instituição. Permitem as atividades de ensino-aprendizagem para o processo educacional apoiado pelas tecnologias. É um espaço na web no qual podem ser organizadas várias ferramentas, nativas do AVA selecionado ou não, como possibilidades de exposição de conteúdos de diversas áreas, uma série de formatos para atividades e interações, recursos tecnológicos para diversos fins (chats, fóruns, e-mails etc.) e recursos para avaliação. Nesse último caso, a arquitetura dos AVA costuma possibilitar aos docentes e aos demais membros da instituição a verificação de acesso, de desempenho e de nota dos usuários.

De acordo com Mill (2018) e Pereira, Schmitt e Dias (2007), AVA é um composto de diversos recursos que podem ser classificados em quatro tipos: informação e documentação, comunicação, gerenciamento pedagógico, e administrativo e produção.

Os recursos de informação e documentação correspondem a arquivos ou mídias disponibilizadas para acesso e consulta, contendo informações sobre o curso, tutoriais, conteúdos etc. Geralmente, os AVA ofertam, nessa categoria, possibilidades de inserção de conteúdos hipermidiáticos, agenda do curso, inserção de arquivos e gerenciamento de documentos, glossário etc.

Entre os recursos de comunicação estão os que possibilitam contato síncrono ou assíncrono entre atores (todos eles ou grupos separados, caso o modelo pedagógico assim demande) do processo educacional, como trocas de mensagens. A maioria dos AVA dispõe de ferramentas como fóruns, chat, e-mail e outras formas colaborativas em 2D e 3D.

Os recursos de gerenciamento pedagógico e administrativo referem-se aos dados de avaliações e relatórios de desempenho, que ficam disponíveis de maneira adequada a cada agente no AVA. Estão incluídos aqui tanto ferramentas e mídias pedagógicas – notas, exercícios, atividades, histórico de conteúdos acessados e grupos de trabalho – quanto as administrativas – sistemas para publicação de notas, para controle de usuários e para criação e publicação de cursos, atividades e conteúdos.

Enfim, os recursos de produção envolvem a criação e o desenvolvimento de atividades no AVA – editores online para produção individual ou em grupo, *wikis*, portfólio, diários, tarefas e laboratórios ou outras formas interativas que podem ser acrescentados aos AVA. Esses tipos não existem separadamente, ou seja, cada um deles serve ou transmite informações ao outro, permitindo à equipe e à instituição uma visão da aprendizagem e ao estudante a possibilidade construir seu conhecimento com a dose adequada de autonomia e apoio.

Combinar ferramentas, recursos e mídias de um AVA com vistas a determinado objetivo pedagógico ou ao desenvolvimento de certa competência educacional é tarefa complexa. Alguns dos outros fatores incluídos nessa combinação são o modelo pedagógico da instituição, seus aspectos político-educacionais, as especificidades de cada curso ou área do conhecimento e uma análise detalhada do público-alvo. "Os ambientes virtuais requerem um trabalho de design instrucional para articular planejamento dos cursos, seus conteúdos, atividades e ferramentas, segundo objetivos de aprendizagem" (MILL, 2018, p. 32).

Embora os recursos e os usos possam variar de AVA para AVA, Filatro e Piconez (2013) elencam quatro ondas de sistemas para a aprendizagem eletrônica, nesta ordem: sistemas de gerenciamento de aprendizagem (cuja ênfase é em ferramentas, na centralização e simplificação do gerenciamento de cursos por meio de funcionalidades postas em prática a partir de determinadas ferramentas), sistemas de gerenciamento de conteúdos de aprendizagem (focados na criação, na composição, no armazenamento e na recuperação de conteúdos para aprendizagem, com foco na reutilização), sistemas de gerenciamento de atividades de aprendizagem (cujo mote envolve as atividades, e não mais as ferramentas ou os conteúdos, de forma que a interação e a interatividade possam conduzir a uma efetiva aprendizagem colaborativa e cooperativa) e ambientes virtuais de aprendizagem de segunda geração (fundados na aprendizagem personalizada, em centros virtuais de aprendizagem pessoal, com a disponibilidade de ferramentas de autoria e de criação que permitem que conteúdos sejam reutilizados, remixados e recombinados de acordo com as necessidades e os interesses individuais de cada estudante).

Ainda de acordo com essas autoras (FILATRO; PICONEZ, 2013), a maioria dos AVA utilizados atualmente encontra-se ainda na primeira onda, a dos sistemas de gerenciamento de aprendizagem. Elas indicam exemplos dessa onda ambientes, como Blackboard, Moodle, Tidia-Ae e Teleduc, de forma que, por similitude, o Canvas também o é. É claro que esses são os AVA mais clássicos. No entanto, especialmente para momentos de ensino apoiado por tecnologias em eventos emergenciais, outras soluções baseadas na web podem ser utilizadas, como as da Microsoft e as da Google, por exemplo, ou mesmo blogs ou outras formas de organização intencional de conteúdos para fins de ensino e aprendizagem.

Sites e softwares em geral, o que inclui os AVA, são construídos com base em critérios de usabilidade: a capacidade de poder ser utilizado por diversos tipos de usuários a fim de alcançar o objetivo para o qual ele foi desenvolvido de forma eficiente e eficaz (MILL, 2018). Para Piconez e Nakashima (2011), esse tipo de usabilidade é a técnica, ou seja, tem a ver com os critérios de qualidade tecnológica dos AVA e se refere a aspectos, como confiabilidade de links e do servidor e adequação de plugins. Aplicada a um AVA, trata-se de recomendações com foco em facilitar a utilização e a eficácia das funções, da interação, da interatividade e das interfaces e, assim, melhorar a interação dos professores e dos estudantes com a interface dos conteúdos.

De acordo com Nielsen (1993), há alguns componentes a serem observados no quesito usabilidade, aqui chamada de *usabilidade técnica*: aprendizagem (o site ou software precisa ser de fácil aprendizagem, permitindo ao usuário o uso rápido e exitoso); eficiência (possibilitar um alto nível de produtividade e eficiência no uso depois que o usuário aprendeu a utilizar); memorização (de forma que não seja necessário aprender a utilizá-lo a cada novo acesso, mesmo que com certo intervalo de tempo a cada uso); gestão de erros (permitir poucos erros no uso e, quando ocorrerem, que sejam facilmente reparáveis); e satisfação (deve ser algo agradável, que gere uma boa sensação no usuário e, consequentemente, a satisfação).

Há ainda a *usabilidade pedagógica*, que se refere à verificação de "se" e "como" as escolhas didático-pedagógicas e metodológicas realizadas pelos desenvolvedores favorecem a aprendizagem. Ou seja: ela se volta "aos critérios e recomendações de usabilidade que visam satisfazer as necessidades dos estudantes e professores para a realização das tarefas ou atividades propostas por meio dos elementos da interface do material de aprendizagem" (PICONEZ; NAKASHIMA, 2011, p. 374).

Os critérios de usabilidade pedagógica envolvem, para Piconez e Nakashima (2011): controle do estudante (que se relaciona ao controle da carga de memorização exigida do aluno e ao modo de proporcionar responsabilidade pela própria aprendizagem); atividade do estudante (pensamento reflexivo e aprendizagem baseada em problemas); aprendizagem cooperativa e/ou colaborativa (diálogo e trabalho em grupo por meio do AVA); orientação de metas (expectativas de aprendizagem e automonitoramento do estudo); aplicabilidade (nível de adequação dos conteúdos aos diversos perfis dos estudantes, por exemplo); valor agregado (efetividade dos recursos de aprendizagem utilizados, como links, infográficos e vídeos); motivação (tornar a aprendizagem significativa, por exemplo); avaliação de conhecimentos prévios (como a diagnóstica); flexibilidade (levar em conta fatores, como o ritmo e os estilos de aprendizagem dos estudantes matriculados); e feedback (retorno após as ações dos estudantes).

Ainda segundo Piconez e Nakashima (2011), todo sistema precisa ser simples (em termos de organização, interface e uso), fácil (de utilizar pela primeira vez, de aprender a utilizar e de lembrar como voltar a utilizar, mesmo depois de certo período distante) e com foco no usuário (o "problema" de um sistema não pode ser o usuário, pois ele deve ser o fim). No que se refere mais especificamente aos AVA, tanto o sistema quanto as páginas e materiais nele inseridos também precisam ser simples para que os estudantes consigam utilizá-los e aprender com seu apoio, fáceis de usar e de compreender e voltados para o estudante (vale a mesma regra, ou seja, se o aluno não compreendeu o conteúdo ou se não aprendeu com ele, é um problema do uso intencional pedagógico do AVA, e não do estudante).

Um exemplo simples de ação a ser tomada nesse sentido é a uniformidade da interface. Como citam Piconez e Nakashima (2011, p. 377), as páginas de um curso e seus materiais como um todo devem ter "os mesmos elementos, tais como localização dos ícones, cores, formato do texto, tamanho da fonte etc., pois isso permitirá melhor compreensão de suas funções e tornará a interface mais familiar ao estudante, deixando-o mais confiante, seguro e orientado". A identidade visual também auxilia, assim, o ensino e a aprendizagem. Faz parte do design instrucional de determinado AVA sua adequação à realidade da solução educacional a que se propõe. No entanto, apesar do uso intencional pedagógico nela implicado, cada tecnologia também possui conteúdos próprios, como as seguintes dimensões (MILL, 2018; PEREIRA; SCHMITT; DIAS, 2007):

- *Informação*: refere-se a formas de disponibilização de arquivos, mídias ou informações para acesso dos usuários dos cursos, como dados sobre a disciplina, tutoriais etc.

- *Comunicação e interação*: é a dimensão que abarca o contato síncrono ou assíncrono entre os diversos personagens do curso, como estudantes, professores, tutores etc. Eles podem interagir entre si sem restrições ou apenas em grupos separados.

- *Colaboração e cocriação*: dizem respeito às possibilidades de criação e ao desenvolvimento de tarefas de forma colaborativa ou cooperativa.

- *Avaliação*: envolve formas de gerenciamento da aprendizagem por meio de atividades ou provas, que demandem correção humana ou não, e que culminem com notas numéricas ou apenas para diagnóstico.

Há uma gama de fatores a serem considerados quando o assunto é o Ambiente Virtual de Aprendizagem de determinada instituição educacional. Seu uso é igualmente complexo, de forma que fatores tecnológicos, pedagógicos e de conteúdo influenciam em como, quando e por que utilizar certa tecnologia e não outra. Professores, designers instrucionais e outros profissionais são atores envolvidos nas decisões e nas avaliações da efetividade das escolhas, inclusive naquelas voltadas a Ambientes Virtuais de Nova Geração, um debate fortalecido pelo *Horizon Report Higher Education* 2017, que trouxe essa terminologia e colocou esse tipo de AVA como um fator a impactar a educação em curto prazo.

3. Como escolher tecnologias e ferramentas?

Este capítulo descreve critérios a serem considerados para escolher uma ferramenta, mídia ou tecnologia em um contexto educacional, seja EaD, ensino remoto ou como apoio ao ensino presencial. É válido tanto para professores quanto para os demais atores educacionais envolvidos. Traz, também, exemplos de usos pedagógicos de ferramentas.

As possibilidades e desafios de interação das diferentes dimensões (informação, comunicação e interação, colaboração e cocriação, e avaliação) e tipos de conhecimentos são indicados na ficha-padrão para apoiar a seleção de mídias em um AVA e a equipe responsável por elas, com uso educacional na modalidade de EaD.

Assim, o objetivo é dar as diretrizes gerais e exercitar a seleção e o uso pedagógicos das tecnologias. Isso porque, muitas vezes, a intencionalidade pedagógica é dependente das intenções educacionais, e, por isso, uma mesma ferramenta pode ser usada com diferentes objetivos. Por exemplo: a ferramenta de fórum pode ser usada tanto para fins de colaboração e cocriação quanto para comunicação e interação, ou até mesmo para avaliação. Seu uso depende da intencionalidade pedagógica aplicada à ferramenta, e não da ferramenta em si.

Os princípios podem ser resumidos em uma Ficha-Padrão para Análise de Mídias, que pode auxiliar no registro sobre a interação das dimensões próprias das tecnologias. Ela ajuda na identificação das dimensões das tecnologias; sua descrição; tipos de conhecimento que abarcam, e, finalmente, incluem leituras complementares sobre a ferramenta analisada.

Um fator relevante a ser destacado é que essa ficha, bem como as diretrizes apontadas até aqui, se referem ao ensino de conteúdos específicos com apoio de tecnologias. No entanto, o ensino depende evidentemente das concepções de aprendizagem da instituição, do professor e do contexto em que se coloca. Assim, como também apontam Anderson e Dron (2012) e Oliveira (2020), para cada concepção de aprendizagem (ou seu mix) pode ser indicado um uso das tecnologias, a ser detalhado na ficha-padrão:

- cognitivo-behaviorista: por ser baseado em estímulo-resposta e na possibilidade de a educação mudar comportamentos mensuráveis, por exemplo, vídeos de procedimentos para reprodução ou testes de múltipla escolha são válidos;
- socioconstrutivista: por entender que a interatividade e a interação (com o meio e com os demais) são fundamentais, métodos para trabalho coletivo e comunicação podem ser mais úteis;
- conectivista: por acreditar na relevância da web na formação de redes de contatos, podem ser de grande valia inteligências e recursos para aplicação em contextos determinados, proporcionar network e simulações conectadas, por exemplo;
- focada na Teoria da Aprendizagem Significativa: por considerar que a aprendizagem se dá pela acomodação de um novo conhecimento a um já alocado na memória de longo prazo, pode depender, por exemplo, de avaliações diagnósticas e modelos abertos e multimídia de design instrucional;
- focada na Taxonomia de Bloom: depende, então, da definição dos níveis de domínios cognitivos para cada atividade, e, por isso, precisa de clareza e articulação entre as ferramentas para que os alunos consigam atingir o esperado: conhecer, compreender, avaliar etc.;

- focada em competências: compreende a articulação entre conhecimentos, habilidades e atitudes para a resolução de casos, e, por isso, precisa focar as três dimensões e possibilitar essa aplicação.

Certamente, os cinco casos dados não encerram as teorias de aprendizagem. São apenas exemplos possíveis de como considerar as teorias de aprendizagem com uso das tecnologias para processos educacionais apoiados pelas tecnologias.

Os componentes e as diretrizes para o preechimento encontram-se no Quadro 3.1.

Quadro 3.1 Ficha-Padrão para Análise de Mídias

1 - Dimensão das TDIC	Classificar: *Informação; Comunicação e interação; Colaboração e cocriação; Avaliação*
2 - Ferramenta (TK - Conhecimento da Tecnologia)	*Descrever as ferramentas selecionadas para um curso, atividades e tarefas, bem como a intencionalidade pedagógica a ser atribuída: páginas; colaborações; testes etc. Pesquisar mídias por suas funcionalidades básicas e possibilidades de intencionalidade educacional*
3 - Conteúdo (CK - Conhecimento do Conteúdo)	*Identificar o(s) conteúdo(s) a ser(em) explorado(s) pela área de conhecimento específica. Por exemplo: lembrar conceitos, algoritmos, esquemas etc.*
4 - Objetivo educacional (PK - Conhecimento Pedagógico)	*Relacionar procedimentos de ensino e as expectativas de aprendizagem previstas segundo a visão de aprendizagem do contexto, bem como suas relações para o desenvolvimento de habilidades, competências, comportamentos etc.*
5 - Ações didáticas (Interação - TPACK)	*Exemplificar atividades nas quais se pode utilizar a ferramenta com a intencionalidade pedagógica pretendida*
6 - Informações complementares	*Indicar leituras, entre sites e outras bibliografias, sobre a ferramenta e o seu uso*

No item 1, Dimensão das TDIC, a intenção é iniciar a análise a partir da intencionalidade pedagógica que se deseja atribuir à ferramenta. O professor ou o designer instrucional, por exemplo, precisa pensar no seu objetivo ao adotar tal tecnologia. Quero que meus alunos se comuniquem? Quero avaliar meus alunos? Quero que construam, coletivamente, algum conhecimento específico? A partir dessa definição pedagógica é que se analisam os itens seguintes.

Em 2, Ferramenta (TK - Conhecimento da Tecnologia), o objetivo é trazer à tona a(s) possibilidade(s) de ferramenta disponível(is) e seus conhecimentos tecnológicos, ou seja, a função para a qual ela foi inicialmente pensada. Um fórum, por exemplo, foi pensado inicialmente para interação entre alunos e entre estes e seus tutores/professores. Já um teste tem como principal função a aplicação de questões objetivas aos alunos.

No item 3, Domínio cognitivo (CK - Conhecimento do Conteúdo), a intenção é delimitar quais conhecimentos específicos podem ser ou serão trabalhados com o uso dessa tecnologia no contexto específico. Aqui, aplica-se a visão de aprendizagem adotada: pode ser necessário adicionar, por exemplo, o domínio cognitivo ou a habilidade ou competência que se pretende desenvolver também. Assim, esse campo depende da reflexão do conteúdo em si (aprender álgebra) quando da visão pedagógica (aplicar noções de álgebra).

O campo 4, Objetivo educacional (PK - Conhecimento Pedagógico) é onde consta, essencialmente, a fundamentação pedagógica a ser considerada. Ensinar por meio de colaboração, por exemplo, requer uma reflexão diferente da ferramenta de quando se considera ensinar com ênfase no desenvolvimento de alguma competência específica.

No item 5, Ações didáticas (Interação - TPACK), devem constar, de fato, as ações didáticas possíveis, no contexto que se coloca, para articular as tecnologias em direção à aprendizagem dos conceitos específicos. Aqui, mais de uma ação pode ser pensada, conforme será discutido nos exemplos apresentados mais adiante.

Por fim, o item 6, Informações complementares, é destinado a fontes de aprofundamento para a ferramenta ou para seu uso intencional pedagógico, como uma construção de bases para pesquisa, quando necessário.

Entretanto, é preciso destacar que, como a ênfase está no uso intencional pedagógico das tecnologias - e não nas tecnologias em si -, uma mesma ferramenta pode ser analisada sob mais de uma intencionalidade pedagógica. A ferramenta de Fóruns, por exemplo, pode ser analisada para comunicação e interação, para colaboração e cocriação, ou até mesmo para avaliação.

Exemplo 1 – Informação

O Quadro 3.2 traz a análise da ferramenta Páginas na dimensão Informação. Essa ferramenta pode também ser chamada de *wiki* ou outros nomes semelhantes.

Quadro 3.2 Ficha Analítica – Dimensão Informação – Ferramenta Páginas

1 – Dimensão das TDIC	Informação
2 – Ferramenta (TK – Conhecimento da Tecnologia)	*Páginas:* Ferramenta para inserção e disponibilização de informações (instruções e conteúdos) por meio de uma página online. Permite inserir links, imagens, vídeos e outras ferramentas. Há controle sobre a exibição e a organização dos conteúdos inseridos, que podem ser hipertextuais, com links entre páginas e entre estas e outros recursos. Podem ser utilizadas para fazer links entre partes de um mesmo curso (como módulos diferentes), bem como para disponibilização de arquivos ou avaliações.
3 – Conteúdo (CK – Conhecimento do Conteúdo)	Lembrar o conceito da área de conhecimento específica. Entender o conceito da área de conhecimento específica
4 – Objetivo educacional (PK – Conhecimento Pedagógico)	Encontrar; interpretar; recuperar; identificar; localizar...
5 – Ações didáticas (Interação – TPACK)	Apresentar informações instrucionais Fornecer informações sobre os conteúdos e o curso Veicular conteúdos e materiais didáticos da área do conhecimento Solicitar retomada de conhecimentos prévios relevantes para a compreensão do tema Dar subsídios e conteúdos para interpretação de conceitos da área do conhecimento Requisitar identificação e localização de informações para aprendizagem

6 - Informações complementares	O que é a ferramenta Páginas: https://pt-br.guides.instructure.com/m/53745/l/495806-o-que-sao-paginas Como criar/anexar informações pela ferramenta Páginas em um curso: https://pt-br.guides.instructure.com/m/53745/l/495804-como-eu-crio-uma-nova-pagina-em-um-curso Como configurar a ferramenta Páginas em um curso: https://pt-br.guides.instructure.com/m/53745/l/495805-como-eu-configuro-a-pagina-principal-em-um-curso Características das Ferramentas de Autor: https://bit.ly/2S9gadn Leituras complementares FILATRO, A. Interface social. *In:* FILATRO, A. *Design Instrucional na Prática.* São Paulo: Pearson, 2008. p. 96-98. FILATRO, A. Como fazer melhor uso das mídias. *In:* FILATRO, A. *Como preparar conteúdos para EaD*: Guia rápido para professores e especialistas em educação a distância, presencial e corporativa. São Paulo: Saraiva Educação, 2018. p. 43-49.

Essa primeira ficha apresenta a dimensão Informação voltada para a ferramenta Páginas, ou seja, para o uso intencional pedagógico da ferramenta a fim de informar o usuário (estudante, professor etc.) a respeito de um assunto atinente ao curso ou disciplina. A ferramenta permite inserir e disponibilizar informações em uma página online, com links, imagens, vídeos etc.

Trata-se de uma ferramenta propícia para tratar dos domínios cognitivos "lembrar" e "entender", especificamente os objetivos educacionais "encontrar", "interpretar", "recuperar", "identificar" e "localizar". Por meio da ferramenta Páginas no AVA é possível, então, fornecer informações ao estudante para que ele se lembre de ou para que compreenda determinado conceito.

É possível, por exemplo, fornecer informações aos estudantes sobre como desenvolver o passo a passo de um exercício de cálculo na área de ciências exatas. A Figura 3.1 apresenta essa utilização pedagógica com a finalidade demonstrar o desenvolvimento de resolução de exercício de cálculo.

1)(2,0) Considere a função $f(x) = \sqrt[3]{x}$. Obtenha a equação da reta tangente ao gráfico de f no ponto $x_0 = 27$.

a) $y = \frac{x}{27} + 2$

b) $y = \frac{x}{27} + 3$

c) $y = -\frac{x}{27} + 4$

d) $y = \frac{x}{3} - 7$

e) Nenhuma das alternativas.

Figura 3.1 Uso da ferramenta Páginas para Informação na área de exatas. Fonte: Captura de tela do AVA.

A ferramenta também pode ser utilizada para retomar conhecimentos prévios, desenvolvidos em outras disciplinas ou aulas, e que são necessários para atingir os objetivos pedagógicos da estrutura disponibilizada. O exemplo da Figura 3.2 demonstra esse uso, para a área de ciências humanas, com a aplicação de textos e vídeos na mesma página.

Para revisitar seus conhecimentos sobre a Didática, os dois vídeos indicados abaixo são muito esclarecedores. O primeiro traça uma breve história da educação no Brasil e permite compreender como a escola conforma diversos lugares para os alunos. **O segundo vídeo é o relato de um romancista famoso, Daniel Pennac, que reflete sobre sua própria trajetória de aluno e sobre como ele foi "salvo" do fracasso escolar. Ele também traz conselhos que podem ser inspiradores para nós.**

Figura 3.2 Uso da ferramenta Páginas para Informação na área de humanas. Fonte: Captura de tela do AVA.

Essas possibilidades de uso educacional da ferramenta Páginas, para áreas específicas, apontam o referencial teórico contido na ideia de interação do TPACK: com o apoio das tecnologias, potencializa-se a capacidade dos professores de manipular signos e símbolos, dos mais variados tipos, como escrita, equações, imagens, vídeos etc., de acordo com cada área do conhecimento. Ou seja: trata-se de definir a melhor maneira de utilizar a ferramenta Páginas com finalidade educacional informativa para cada área específica do conhecimento. Uma das bases do TPACK é o conhecimento de como as tecnologias podem ser utilizadas na construção de novos conhecimentos ou no fortalecimento dos conhecimentos prévios – algo que depende da intencionalidade pedagógica a ser adotada.

Ao utilizar a ferramenta Páginas, a aprendizagem na dimensão Informação fica circunscrita, no caso da Taxonomia de Bloom, às ações de memorização e compreensão, ou seja, por meio dessa ferramenta, quando aplicada com intencionalidade pedagógica de Informação, costumeiramente os estudantes são incentivados à memorização (ou a retomar aprendizagens anteriores) e compreensão (entender algum tema em tela).

Mais aplicações podem ser: fornecer dados e informações relevantes sobre os conteúdos e/ou o curso, instruir para a retomada de informações disponibilizadas anteriormente, subsidiar a interpretação de outras mídias ou recursos e solicitar a pesquisa de informações necessárias para o passo seguinte no roteiro de aprendizagem previsto. Podem ainda ser encontradas outras aplicações, a depender das necessidades docentes e do contexto educacional.

Exemplo 2 – Comunicação e interação

O segundo exemplo de análise é relativo à dimensão Comunicação e interação. É analisada a ferramenta Discussões (Quadro 3.3), que em outros contextos pode ser tratada como Fórum, por exemplo.

Quadro 3.3 Ficha Analítica – Dimensão Comunicação e Interação – Ferramenta Discussões

1 – Dimensão das TDIC	Comunicação e interação
2 - Ferramenta (TK – Conhecimento da Tecnologia)	*Discussões:* São fóruns online, assíncronos, que podem ser associados a uma turma, a um grupo ou outra forma de organização dos estudantes. Podem ser avaliativos ou não, e a organização tem a opção de encadear as respostas ou deixar as postagens em sequência. A depender da configuração desejada, tanto estudantes como professores podem iniciar fóruns e dar sua contribuição para eles, de acordo com os critérios pedagógicos. É permitido inserir vídeos, imagens e arquivos nas postagens, bem como habilitar opções – como classificá-las por meio de curtidas e fazer com que os estudantes primeiro realizem sua postagem e apenas depois possam ver as contribuições já feitas.

3 - Conteúdo (CK - Conhecimento do Conteúdo)	Analisar conceitos da área de conhecimento específica. Avaliar conceitos da área de conhecimento específica. Criar conceitos da área de conhecimento específica.
4 - Objetivo educacional (PK - Conhecimento Pedagógico)	Caracterizam os procedimentos didáticos de classificar, examinar, deduzir, inferir, distinguir, criticar, justificar, comparar, debater, criar, produzir, transformar...
5 - Ações didáticas (Interação - TPACK)	Possibilitar a comunicação e a interação síncronas e assíncronas Solicitar o compartilhamento de informações da área do conhecimento Proporcionar debate sobre conteúdos específicos diversos Oferecer casos e exemplos para exame, crítica e comparação Indicar informações do conteúdo específico para classificação, distinção, dedução, produção e transformação

6 – Informações complementares	O que é a ferramenta Discussões: https://pt-br.guides.instructure.com/m/53745/l/495724-o-que-sao-discussoes Como utilizar a ferramenta Discussões: https://pt-br.guides.instructure.com/m/53745/l/495725-como-eu-crio-uma-discussao-como-um-instrutor Como criar um tópico na ferramenta Discussões: https://pt-br.guides.instructure.com/m/53745/l/495730-como-eu-crio-uma-discussao-em-grupo-para-um-curso Como permitir aos estudantes anexar arquivos na ferramenta Discussões: https://pt-br.guides.instructure.com/m/53745/l/495731-como-eu-permito-aos-estudantes-anexar-arquivos-a-uma-discussao-de-curso *Community and Critical Thinking in Discussion Boards*: https://www.youtube.com/watch?v=NNv2-6aS1f4 FILATRO, A. Como elaborar roteiros para fóruns de discussão. *In:* FILATRO, A. *Como preparar conteúdos para EaD*: Guia rápido para professores e especialistas em educação a distância, presencial e corporativa. São Paulo: Saraiva Educação, 2018. p. 138.

Ao analisar a ferramenta Discussões sob a dimensão Comunicação e interação, verifica-se, entre os domínios cognitivos articulados, analisar, avaliar e criar.

Discussões é como pode ser conhecida a ferramenta de fóruns de alguns AVA, para comunicação assíncrona para grupos de tamanhos e formações definidos pela ação docente. Entre as configurações permitidas, estão o uso avaliativo da ferramenta, a possibilidade de inserir vídeos, imagens e arquivos nas postagens, a classificação por meio de curtidas e a obrigatoriedade de que estudantes realizem suas postagens antes de ver as demais. Diversos objetivos educacionais podem ser desenvolvidos com o uso dessa ferramenta para fins de Comunicação e interação, como classificar, inferir, distinguir, criticar, justificar, comparar, debater, criar e produzir.

O fórum é uma ferramenta muito utilizada em cursos a distância, pois tende a fomentar o diálogo e influencia a distância transacional. É papel da equipe multidisciplinar, em contato com o professor da disciplina, propor o uso educacional dessa ferramenta tecnológica. Uma opção, por exemplo, consiste em fornecer informações a respeito do conteúdo específico da disciplina e proporcionar interações para a resolução de um problema prático real ou fictício, bem como compartilhar experiências a partir de uma ação comum.

No caso destacado na Figura 3.3, por meio da ferramenta Discussões os estudantes podem ter acesso a tutoriais e dicas de uso de softwares, e, posteriormente, são incentivados a compartilhar suas próprias experiências sobre o assunto.

Fórum Temático - Questões a respeito da linguagem C ou sistema Octave

Caros, para melhor organizar discussões sobre a linguagem C ou o sistema Octave proponho que usemos este tópico.

Para iniciar, indico alguns apontadores úteis, vários serão na videoaula 10, que adianto:

Linguagem C:

- https://en.wikipedia.org/wiki/C_(programming_language) [sobre a linguagem C, fundamentos e história]
- http://www.codeblocks.org [o "Code::Blocks" é um ambiente livre multi-plataforma para compilar programas codificados em C]
- https://panda.ime.usp.br/panda/static/data/codeblocks/ubuntu.html [sobre instalacão do CodeBlocks no Linux Ubuntu]
- https://panda.ime.usp.br/panda/static/data/codeblocks/windows.html [sobre instalacão do CodeBlocks no Windows]
- http://www.ime.usp.br/~macmulti ([material interativo produzido pelo departamento de Ciência da Computação da Universidade de São Paulo - contém muitos exercícios resolvidos]

Sobre o pacote livre Octave: (é similar, inclusive na sintaxe, aos pacotes Matlab e Scilab)

- https://pt.wikipedia.org/wiki/GNU_Octave [sobre o pacote numérico GNU Octave]
- https://en.wikibooks.org/wiki/Octave_Programming_Tutorial/Getting_started [sobre o pacote numérico GNU Octave]

Figura 3.3 Uso da ferramenta Discussões na área da computação. Fonte: Captura de tela do AVA.

A Figura 3.4 traz um exemplo de ciências humanas, no qual os estudantes precisavam discutir conceitos de educação infantil a partir de uma obra de arte. Ao analisar a reprodução da pintura, os estudantes foram incitados a examinar, justificar e debater o assunto, além de articular competências de um domínio cognitivo que pressupõe a compreensão e a memorização de informações prévias (como o conceito de interação).

O uso de imagem na proposta da ferramenta Discussões favorece o desenvolvimento de conhecimentos relacionados. Isso se dá devido ao fato de as tecnologias articularem diferentes frentes de informação e inúmeras possibilidades de construção de conhecimentos específicos.

Fórum temático - Criança com brinquedos

Olá!

Observe atentamente esta bela obra de Renoir, Criança com brinquedos. Ela nos ajuda a pensar que as crianças interagem – no caso da pintura, está interagindo com os materiais e com o adulto. Entretanto, sabemos que interagem também com seu próprio corpo e com outras crianças.

Fonte: https://www.nga.gov/collection/art-object-page.66434.html

Neste espaço, você discutirá sobre quais fatores intervêm nas interações sociais das quais as crianças participam. O que influencia a interação? O que favorece que as brincadeiras ocorram? Qual o papel do adulto para favorecer o desenvolvimento das crianças por meio das brincadeiras?

Divida suas reflexões com seus colegas e facilitadores.

Boas construções!

Figura 3.4 Uso da ferramenta Discussões na área de ciências humanas. Fonte: Captura de tela do AVA.

A ferramenta Discussões, a partir de outras intencionalidades pedagógicas, favorece também a comunicação e a interação síncronas e assíncronas, sem restrições geográficas, o compartilhamento de informações, o debate de temas ou a discussão de casos e exemplos para análise crítica e/ou comparação. É uma ferramenta importante para a EaD, uma vez que possibilita o diálogo, um dos fatores essenciais a ser considerado na aprendizagem; pode ser utilizada para além do tradicional Fórum de Dúvidas.

O modelo explicativo da ação docente (TPACK), a compreensão de ensino e de aprendizagem, bem como seus resultados, sofrem transformações quando determinadas tecnologias são empregadas. Se a ferramenta Discussões for utilizada apenas para perguntas e respostas objetivas, o design instrucional parece mais fechado ou embasado nas concepçõesão de EaD cognitivo-behavioristas. A ferramenta pode ser aplicada para compartilhamento de experiências de vida e/ou interação e construção coletiva do conhecimento, o que caracteriza uma visão de EaD socioconstrutivista.

As ferramentas analisadas sob a dimensão Comunicação e interação contemplam os domínios cognitivos analisar, avaliar e criar. Ou seja, utilizar essas ferramentas para fins de Comunicação e interação, em geral, auxilia a ação docente no sentido de desenvolver em e com seus estudantes as habilidades ou competências de análise, avaliação e criação. Contempla ainda, em seus objetivos de aprendizagem, atividades e ações, como compartilhar, criticar, opinar, discutir, sugerir e criar.

De acordo com o modelo explicativo da ação docente (TPACK), os professores utilizam melhor a tecnologia quando percebem como os temas específicos da sua disciplina e/ou a forma como eles são representados podem ser modificados a partir da aplicação de tecnologia. Parece importante que o professor e o designer instrucional consigam perceber que as tecnologias podem ser úteis no apoio à compreensão de um conhecimento específico, no planejamento da disciplina e para a aprendizagem dos estudantes.

Exemplo 3 – Colaboração e cocriação

A análise a seguir refere-se à dimensão Colaboração e cocriação para a ferramenta Discussões (Quadro 3.4). Como já citado, essa ferramenta pode também ser intitulada, por exemplo, fórum em outros AVA.

Quadro 3.4 Ficha Analítica – Dimensão Colaboração e cocriação – Ferramenta Discussões

1 – Dimensão das TDIC	Colaboração e cocriação
2 – Ferramenta (TK – Conhecimento da Tecnologia)	*Discussões:* São fóruns online associados a uma turma, a um grupo ou outra forma de organização dos estudantes. Podem ser avaliativos ou não, bem como a organização tem a opção de encadear as respostas ou deixá-las isoladas. A depender da configuração desejada, tanto estudantes como professores podem iniciar fóruns e contribuir para eles, de acordo com os critérios pedagógicos. É permitido inserir vídeos, imagens e arquivos nas postagens, bem como habilitar opções – como classificá-las por meio de curtidas e fazer com que os estudantes primeiro realizem suas postagens e apenas depois possam ver as suas contribuições.
3 – Conteúdo (CK – Conhecimento do Conteúdo)	Aplicar conceitos da área de conhecimento específica. Analisar conceitos da área de conhecimento específica. Avaliar conceitos da área de conhecimento específica. Criar conceitos da área de conhecimento específica.
4 – Objetivo educacional (PK – Conhecimento Pedagógico)	Editar, simular, construir, compartilhar, entrevistar, colaborar, criticar, opinar, discutir, sugerir, criar...

5 - Ações didáticas (Interação - TPACK)	Possibilitar a comunicação e a interação síncronas e assíncronas Solicitar a edição e o compartilhamento de informações de conteúdos específicos Proporcionar debate sobre temas voltados para áreas do conhecimento Oferecer casos e exemplos para exame, crítica e comparação Favorecer a construção coletiva do conhecimento dos conteúdos específicos Indicar informações de áreas do conhecimento para classificação, distinção, dedução, produção e transformação Fornecer casos reais ou simular *cases* de áreas específicas para aplicação didática

6 – Informações complementares	O que é a ferramenta Discussões: https://pt-br.guides.instructure.com/m/53745/l/495724-o-que-sao-discussoes Como criar um tópico na ferramenta Discussões: https://pt-br.guides.instructure.com/m/53745/l/495725-como-eu-crio-uma-discussao-como-um-instrutor Como criar e utilizar a ferramenta Discussões em grupo para um curso: https://pt-br.guides.instructure.com/m/53745/l/495730-como-eu-crio-uma-discussao-em-grupo-para-um-curso Como permitir aos estudantes anexar arquivos na ferramenta Discussões de curso: https://pt-br.guides.instructure.com/m/53745/l/495731-como-eu-permito-aos-estudantes-anexar-arquivos-a-uma-discussao-de-curso *Community and Critical Thinking in Discussion Boards*: https://www.youtube.com/watch?v=NNv2-6aS1f4 FILATRO, A. Ferramentas comunicacionais. *In:* FILATRO, A. *Design Instrucional na Prática.* São Paulo: Pearson, 2008. p. 121-122. FILATRO, A. Como elaborar roteiros para fóruns de discussão. *In:* FILATRO, A. *Como preparar conteúdos para EaD*: Guia rápido para professores e especialistas em educação a distância, presencial e corporativa. São Paulo: Saraiva Educação, 2018. p. 138.

Na sequência de análises e estudos sobre as ferramentas presentes em um AVA, agora sob a perspectiva da dimensão Colaboração e cocriação, a ferramenta Discussões, já detalhada anteriormente, pode ser configurada também como um fórum de apoio ao desenvolvimento de habilidades, como aplicar, analisar, avaliar e criar, em uma gama de objetivos educacionais que incluem editar, simular, construir, compartilhar, colaborar, opinar, discutir e criar. Essa ferramenta amplia a colaboração ou criação em conjunto, conferindo maior clareza aos conhecimentos construídos, por meio de simulações planejadas para atender aos objetivos de um curso.

No Projeto Integrador da Universidade Virtual do Estado de São Paulo (Univesp), por exemplo, os estudantes têm à disposição a ferramenta Discussões (GARBIN; OLIVEIRA, 2019). Atende ao objetivo de interação com os demais membros de um grupo e/ou com o facilitador, para a construção coletiva e colaborativa da solução ao problema dado como tema gerador. O AVA permite que se anexem arquivos de áudio ou vídeo a uma postagem na ferramenta Discussões, o que, por exemplo, facilita a troca de entrevistas realizadas para o projeto.

A ferramenta Discussões amplia as possibilidades de letramento digital (fluência) pelos estudantes. Permite utilizar outras mídias e aplicativos para gravação em áudio ou vídeo das entrevistas. Tal fator corrobora estudos posteriores do modelo explicativo da ação docente (TPACK): é evidente o papel da tecnologia no apoio à aprendizagem, mas é necessário perceber a profunda conexão entre o conteúdo a ser ensinado e o design da ferramenta a ser utilizada, sob pena de não atingir o objetivo previsto. Pode-se perceber, no caso do projeto citado, que, mesmo contendo virtualmente a potencialidade de comunicação por diversas mídias para fins de Colaboração e cocriação, o design instrucional desempenha papel fundamental.

Em cursos de EaD existe uma dependência de oferta e seleção de mídias adequadas para cada estudante e/ou modalidade de conhecimento. Muitos estudantes não realizam tarefas simples apenas por ter dificuldade de uso e apreensão das mídias indicadas ou até mesmo por incompatibilidade técnica de acesso a certos aplicativos e equipamentos. Ao conhecer o contexto, os designers instrucionais podem atuar na criação de tutoriais de apoio.

Exemplo 4 – Avaliação

O último exemplo de análise volta-se para o princípio Avaliação, para o qual também será analisada a ferramenta Discussões (Quadro 3.5).

Quadro 3.5 Ficha de avaliação da ferramenta Discussões sob o princípio Avaliação

1 - Dimensão das TDIC	Avaliação
2 - Ferramenta (TK - Conhecimento da Tecnologia)	*Discussões:* São fóruns online que podem ser associados a uma turma, a um grupo ou outra forma de organização dos estudantes. Pode ser avaliativa ou não, bem como a organização tem a opção de encadear as respostas ou deixá-las em linha. A depender da configuração desejada, tanto estudantes como professores podem iniciar fóruns e contribuir para eles, de acordo com os critérios pedagógicos. É permitido inserir vídeos, imagens e arquivos nas postagens, bem como habilitar opções - como classificá-las por meio de curtidas e fazer com que os alunos primeiro realizem sua postagem e apenas depois possam ver as contribuições já feitas.
3 - Conteúdo (CK - Conhecimento do Conteúdo)	Aplicar; analisar; avaliar; criar.
4 - Objetivo educacional (PK - Conhecimento Pedagógico)	Editar, simular, construir, compartilhar, entrevistar, colaborar, criticar, opinar, discutir, sugerir, criar.
5 - Ações didáticas (Interação - TPACK)	Permitir a avaliação de atividades que exijam comunicação, interação ou colaboração Possibilitar a comunicação e a interação síncronas e assíncronas, de forma avaliativa Proporcionar debates avaliados sobre temas diversos Favorecer a construção coletiva do conhecimento Simular casos reais ou para aplicação didática

6 – Informações complementares	O que são Discussões: https://pt-br.guides.instructure.com/m/53745/l/495724-o-que-sao-discussoes Como eu crio uma Discussão como um instrutor: https://pt-br.guides.instructure.com/m/53745/l/495725-como-eu-crio-uma-discussao-como-um-instrutor Como eu crio uma discussão em grupo para um curso: https://pt-br.guides.instructure.com/m/53745/l/495730-como-eu-crio-uma-discussao-em-grupo-para-um-curso Como eu permito aos estudantes anexar arquivos a uma discussão de curso: https://pt-br.guides.instructure.com/m/53745/l/495731-como-eu-permito-aos-estudantes-anexar-arquivos-a-uma-discussao-de-curso TEIXEIRA, C. H. S. B. *et al.* Critérios de avaliação da participação dos atores em um fórum de educação a distância: uma pesquisa-ação. *Revista Brasileira de Aprendizagem Aberta e a Distância*, v. 16, p. 49-61, 2017. Disponível em: https://bit.ly/2Givejr. Acesso em: 10 fev. 2019. *Community and Critical Thinking in Discussion Boards*: https://www.youtube.com/watch?v=NNv2-6aS1f4 OLIVEIRA, M. O. S. *et al.* Análise do fórum de discussão como instrumento avaliativo no Curso de Ciências Biológicas da UAB/UNIMONTES. *Multifaces*, v. 1, n. 1, p. 15-27, abr. 2018. Disponível em: https://bit.ly/2I4X9VW. Acesso em: 10 fev. 2019. FILATRO, A. Ferramentas comunicacionais. *In:* FILATRO, A. *Design Instrucional na Prática*. São Paulo: Pearson, 2008. p. 121-122. FILATRO, A. Como elaborar roteiros para fóruns de discussão. *In:* FILATRO, A. *Como preparar conteúdos para EaD*: Guia rápido para professores e especialistas em educação a distância, presencial e corporativa. São Paulo: Saraiva Educação, 2018. p. 138.

A ferramenta Discussões, já analisada, também pode ser utilizada sob a ótica da Avaliação, para desenvolver os domínios cognitivos "aplicar", "analisar", "avaliar" e "criar". Entre os objetivos educacionais possíveis, estão editar, simular, construir, compartilhar, colaborar, opinar, discutir e criar. Esses objetivos, voltados para a avaliação diagnóstica, formativa ou somativa, alteram a maneira como a ferramenta Discussões é aplicada em cada contexto educacional.

Um fórum, avaliativo ou não, tem foco em comunicação e interação e pode-se voltar para colaboração e cocriação. É possível aplicar, na interação ou na colaboração, critérios avaliativos, de acordo com a área do conhecimento. Kol e Schcolnik (2008), por exemplo, relatam o uso do fórum assíncrono para a avaliação da escrita de estudantes em cursos avançados de inglês para fins acadêmicos. McNamara e Burton (2009) aplicam a avaliação por meio de fóruns em aulas da área de Direito, o que culminou com a criação de critérios de avaliação – ou rubricas – com foco na percepção da aprendizagem colaborativa e no incentivo a análises mais profundas, pensamento crítico e reflexão.

Trata-se de utilizar a ferramenta Discussões também para avaliação de atividades que exijam comunicação, interação ou colaboração, para debates avaliados sobre temas e para construção coletiva do conhecimento. Koehler e Mishra (2008) apresentam o fórum como exemplo de ferramenta que pode ser aplicada de formas diferentes para intencionalidades distintas. Para fazer uma sessão de brainstorming, a ferramenta pode ser útil, desde que configurada para que o estudante só veja as postagens dos colegas depois de realizar a sua, para que as ideias fluam livremente em vez de ocorrer um fenômeno no qual as postagens realizadas posteriormente sejam apenas concordâncias com as primeiras – ou com as mais convincentes – postagens. A partir de critérios claros, essa dinâmica pode se tornar uma atividade de avaliação.

Por essa e outras variáveis, é possível, ainda, utilizar a ferramenta Discussões para fins de Colaboração e cocriação também para edição e o compartilhamento de informações, debate sobre temas diversos, simulação de casos reais ou aplicação didática e colaboração e criação em conjunto de soluções para problemas didáticos propostos.

À mesma ferramenta tecnológica podem ser atribuídos diversos usos, a depender da intenção do professor e da equipe multidisciplinar, em especial do designer instrucional. A aplicação das fichas analíticas pode contribuir para o trabalho desses profissionais, uma vez que permite a visualização das possibilidades de atribuições de sentido educacional às ferramentas tecnológicas de um AVA. Propicia clareza à equipe e alinhamento das informações e ações educacionais a serem adotadas, bem como orienta esse trabalho com vistas à melhor experiência de aprendizagem para os estudantes.

As dimensões referem-se a competências e estão dispostas de maneira hierárquica no uso das ferramentas: de níveis mais simples para os mais complexos. As fichas analíticas evidenciam a dimensão tecnológica da ferramenta e as possibilidades de seu uso intencional pedagógico, com reflexões sobre o ensino e a aprendizagem. Portanto, o uso de cada ferramenta depende da intencionalidade pedagógica aplicada a ela, e não da ferramenta em si.

Palavras finais

Nesta obra, foram analisadas algumas ferramentas comuns de AVA, sob as dimensões Informação, Interação e comunicação, Colaboração e cocriação e Avaliação. Há que ressaltar, entretanto, que há muitas outras ferramentas disponíveis nos AVA (nativas ou como *plugins*). A análise da intencionalidade pedagógica do uso de cada ferramenta torna-se importante na mesma proporção em que cresce o número de ferramentas e aplicativos disponíveis.

Para essa análise das potencialidades das ferramentas para o desenvolvimento de habilidades de aprendizagem, foram articulados os elementos do modelo explicativo da ação docente (TPACK). Como produto final dessa reflexão, há sugestão de diretrizes e de uma ficha-padrão com dimensões norteadoras para seleção e uso intencional das ferramentas de um AVA. Os exemplos expostos foram de ensino superior a distância. Mas as análises são aplicadas por analogia a qualquer um dos contextos, modalidades ou níveis de ensino.

Essa reflexão é resultado de inquietações deste autor existentes, ao menos, desde 2013, quando do início da atuação com educação a distância. Por que usar um fórum para interação, em vez de um chat? Ou por que um chat, e não uma webconferência? O que parecia "natural" tomou proporções maiores ao iniciar o trabalho como designer instrucional na Univesp. Por que usar um fórum para interação em mecânica geral da mesma maneira que se utiliza em didática? Por que utilizar videoaula expositiva para qualquer assunto que se precise trabalhar?

São comuns discussões a respeito da pertinência ou não de certo AVA utilizado. Narrativas sobre sua inadequação para algumas atividades ou de que ele pode demandar muito da equipe interna, que é limitada, são comuns em qualquer contexto. Mas pensemos: de que adiantaria mudar para outro ambiente se as práticas pedagógicas permanecerem as mesmas? Qual seria a alteração na aprendizagem se se continuasse a utilizar o fórum da mesma maneira e se a videoaula continuasse a ser meramente expositiva, somente por mudar de AVA?

Além disso, esse tipo de discussão geralmente foca aspectos de tecnologia pura: quanto de servidor o AVA utiliza, como se podem integrar fatores de segurança ou formas mais automatizadas de backup. Claro que esses aspectos também devem ser considerados na seleção e no uso de tecnologias, mas não podem ser o principal fator quando se trata de tecnologias para uso na educação.

Tanto o que rodeia essa trajetória profissional mencionada quanto os estudos realizados que culminaram nesta obra reiteram as contribuições do modelo explicativo da ação docente (TPACK) na seleção e no uso intencional didático de ferramentas tecnológicas. A adoção da tecnologia por si só, sem reflexões a respeito de seu uso pedagógico para determinada área do conhecimento, não é garantia de sucesso na educação. O primeiro passo para que a aprendizagem com uso das tecnologias ocorra é a seleção de uma tecnologia, e seu respectivo uso, de acordo com as bases educacionais e os conhecimentos desejados. É na intersecção entre tecnologia, pedagogia e conteúdo, em determinado contexto, que se torna o uso das tecnologias mais significativo e eficaz.

As tecnologias ou ferramentas possuem em si um conteúdo pedagógico. Um fórum, por exemplo, carrega intrinsecamente a discussão, o debate. Mas não precisa estar restrito a esses usos pedagógicos, e mesmo que seja utilizado para essas funções "nativas", a maneira de utilizá-lo varia de acordo com o conhecimento a ser construído. Para discutir uma resolução de um problema matemático, é necessário um bom editor de fórmulas ou uma maneira simples de realizar upload de imagens das resoluções; para debater uma questão filosófico-humanística, o fórum deve ter a possibilidade de organizar as postagens que se relacionem entre si, e não necessariamente por ordem temporal.

Para além disso, também é necessário ter em mente que a mera adoção da tecnologia, sem a devida apropriação didática pelos atores do processo educacional, não é suficiente para que a aprendizagem ocorra. O processo de seleção e o uso das tecnologias pode ser centralizado, para garantir uma linguagem comum entre os materiais, mas todos os envolvidos precisam participar conscientemente desse processo como um todo e da melhor utilização das ferramentas de acordo com os princípios da instituição. É possível exemplificar com fóruns novamente: mesmo que seu uso tenha sido plenamente planejado para a área do conhecimento e o contexto específicos, e as bases educacionais estejam claras na sua aplicação, um professor que se utilize dele para respostas desencorajadoras ou mesmo que não o use, e deixe os alunos sem retorno, não apoia a aprendizagem.

Ou seja: o fator humano e o papel do educador permanecem fundamentais na prática pedagógica com tecnologias. Tal constatação está presente na seleção das ferramentas, mas também e principalmente no momento em que ocorre a aprendizagem de fato. A importância do educador e de uma equipe multidisciplinar fica demonstrada, por exemplo, quando se fala de AVA nos quais é possível integrar ferramentas além das que já vêm disponíveis no ambiente. Quanto mais opções, mais ferramentas e mais possibilidades de interação, mais relevante é o educador que, intencional e pedagogicamente, consegue selecionar o(s) recurso(s) mais indicado(s) para o tema em estudo, para os estudantes de determinada turma, em determinado contexto educacional. A ação humana é o elemento que, entre a variedade de opções, seleciona e aplica para fins educacionais as tecnologias e os recursos disponíveis.

Outras iniciativas e pesquisas, com base nessa percepção de que a ação docente humana permanece indispensável no processo educacional - inclusive naquele apoiado por tecnologias - e que articulem o modelo explicativo da ação docente, podem estar ocorrendo em outros lugares. E, como um primeiro passo, é possível realizar análises das ferramentas a serem aplicadas com os fins didáticos. Os passos seguintes, de verificação da efetividade no uso para as áreas do conhecimento e, principalmente, na aprendizagem, permanecem como pontos a serem explorados em pesquisas futuras.

Por fim, cabe destacar que a aplicação das tecnologias em processos educacionais pode ter um papel bastante relevante na expansão do acesso à educação formal, sem perder de vista a qualidade da aprendizagem e sem interrupções por causa de questões emergenciais, como a pandemia de Covid-19 no Brasil em 2020-2021. Em um país diverso como este, grande geograficamente e variado economicamente, é possível aplicar as tecnologias de modo que possibilite melhores oportunidades de formação àqueles que, social e historicamente, foram excluídos e não conseguem um lugar nos espaços tradicionais.

Referências

AACTE – AMERICAN ASSOCIATION OF COLLEGES FOR TEACHER EDUCATION. *Handbook of Technological Pedagogical Content Knowledge (TPCK) for Educators*. New York and London: Routledge, 2008.

ALMEIDA, Maria Elizabeth Bianconcini de. As teorias principais da andragogia e heutagogia. *In:* LITTO, Frederic Michael; FORMIGA, Manuel Marcos (orgs.). *Educação a distância*: o estado da arte. São Paulo: Pearson Education Brasil, 2009. p. 105-111.

ALTBACH, Philip. Access means inequality. *International Higher Education*, Boston, n. 61, p. 1-5, 2010. Disponível em: https://ejournals.bc.edu/ojs/index.php/ihe/article/view/8510/7644. Acesso em: 27 set. 2020.

ANDERSON, Terry; DRON, Jon. Três gerações de pedagogia de educação a distância. *EaD em Foco*, Rio de Janeiro, n. 2, p. 119-134, nov. 2012. Disponível em: https://doi.org/10.18264/eadf.v2i1.162. Acesso em: 8 out. 2020.

ANGELI, Charoula; VALANIDES, Nico; CHRISTODOULOU, Andri. Theoretical Considerations of Technological Pedagogical Content Knowledge. *In:* HERRING, Mary C.; KOEHLER, Matthew J.; MISHRA, Punya. *Handbook of Technological Pedagogical Content Knowledge (TPACK) for Educators*. 2. ed. New York: Routledge, 2016. p. 11-32.

ARCHAMBAULT, Leanna. Exploring the Use of Qualitative Methods to Examine TPACK. *In:* HERRING, Mary C.; KOEHLER, Matthew J.; MISHRA, Punya. *Handbook of Technological Pedagogical Content Knowledge (TPACK) for Educators*. 2. ed. New York: Routledge, 2016. p. 65-86.

BATES, Anthony William (Tony). *Teaching in a digital age*. Sheffield: Anthony William (Tony) Bates (CC), 2015.

BRASIL. Lei n. 12.056, de 13 de outubro de 2009. Acrescenta parágrafos ao art. 62 da Lei n. 9.394, de 20 de dezembro de 1996, que estabelece as diretrizes e bases da educação nacional. *Diário Oficial da União*, Brasília, DF, 14 out. 2009. Disponível em: http://www.planalto.gov.br/ccivil_03/_Ato2007-2010/2009/Lei/L12056.htm. Acesso em: 6 out. 2020.

BRASIL. Decreto n. 9.057, de 25 de maio de 2017. Regulamenta o art. 80 da Lei nº 9.394, de 20 de dezembro de 1996, que estabelece as diretrizes e bases da educação nacional. *Diário Oficial da União*, Brasília, DF, 26 maio 2017. Disponível em: http://www.planalto.gov.br/ccivil_03/_Ato2015-2018/2017/Decreto/D9057.htm. Acesso em: 2 set. 2020.

BRASIL. Ministério da Educação. Lei n. 9.394, de 20 de dezembro de 1996. Estabelece as diretrizes e bases da educação nacional. *Diário Oficial da União*, Brasília, DF, 23 dez. 1996. Disponível em: http://www.planalto.gov.br/ccivil_03/leis/L9394.htm. Acesso em: 6 out. 2020.

BRASIL. Decreto n. 5.622, de 19 de dezembro de 2005. Regulamenta o art. 80 da Lei n. 9.394, de 20 de dezembro de 1996, que estabelece as diretrizes e bases da educação nacional. *Diário Oficial da União*, Brasília, DF, 20 dez. 2005. Disponível em: https://www.planalto.gov.br/ccivil_03 /_Ato2004-2006/2005/Decreto/D5622.htm. Acesso em: 8 out. 2020.

BRASIL. Resolução n. 1, de 2 de fevereiro de 2016. Define Diretrizes Operacionais Nacionais para o credenciamento institucional e a oferta de cursos e programas de Ensino Médio, de Educação Profissional Técnica de Nível Médio e de Educação de Jovens e Adultos, nas etapas do Ensino Fundamental e do Ensino Médio, na modalidade Educação a Distância, em regime de colaboração entre os sistemas de ensino. *Diário Oficial da União*, Brasília, DF, 3 fev. 2016. Disponível em: http://portal.mec.gov.br/index.php?option=com_docman&view=download&alias=33151-resolucao-ceb-n1-fevereiro-2016-pdf&category_slug=fevereiro-2016-pdf&Itemid=30192. Acesso em: 8 out. 2020.

BRASIL. Portaria n. 1.428, de 28 de dezembro de 2018. *Diário Oficial da União*, Brasília, DF, 13 dez. 2004. Disponível em: https://www.in.gov.br/materia/-/asset_publisher/Kujrw0TZC2Mb/content/id/57496468/do1-2018-12-31-portaria-n-1-428-de-28-de-dezembro-de-2018-57496251. Acesso em: 8 out. 2020.

BULL, Glen; BELL, Lynn; HAMMOND, Tom. Advancing TPCK through collaborations across educational associations. *In:* AACTE – AMERICAN ASSOCIATION OF COLLEGES FOR TEACHER EDUCATION. *Handbook of Technological Pedagogical Content Knowledge (TPCK) for Educators*. New York and London: Routledge, 2008. p. 273-288.

CBO – CLASSIFICAÇÃO BRASILEIRA DE OCUPAÇÕES [CBO]: 2010. 3. ed. Brasília: MTE; SPPE, 2010. Disponível em: www.mtecbo.gov.br/cbosite/pages/download?tipoDownload=1. Acesso em: 3 out. 2020.

CHAI, Ching Sing; KOH, Joyce Hwee Ling; TSAI, Chin-Chung. A review of the quantitative measures of Technological Pedagogical Content Knowledge (TPACK). *In:* HERRING, Mary C.; KOEHLER, Matthew J.; MISHRA, Punya. *Handbook of Technological Pedagogical Content Knowledge (TPACK) for Educators*. 2. ed. New York: Routledge, 2016. p. 87-106.

CHAVES FILHO, Hélio. Regulação da modalidade de EAD no Brasil. *In:* LITTO, Frederic Michael; FORMIGA, Manuel Marcos (orgs.). *Educação a distância*: o estado da arte – volume 2. 2. ed. São Paulo: Pearson Education Brasil, 2012. p. 344-361.

DEPLATCHETT, Nancy. Placing the magic in the classroom: TPCK in arts education. *In:* AACTE – AMERICAN ASSOCIATION OF COLLEGES FOR TEACHER EDUCATION. *Handbook of Technological Pedagogical Content Knowledge (TPCK) for Educators.* New York and London: Routledge, 2008. p. 167-192.

ESPINOSA, Maria Paz Prendes; PORLÁN, Isabel Gutiérrez; SÁNCHEZ, Francisco Martinez. Competencia digital: una necesidad del profesorado universitario en el siglo XXI. *Revista de Educación a Distancia*, n. 56, p. 1-22, 2018. Disponível em: https://www.um.es/ead/red/56/prendes_et_al.pdf. Acesso em: 11 set. 2020.

ESTEVE, Francesc; CASTAÑEDA, Linda; ADELL, Jordi. Un modelo holístico de competencia docente para el mundo digital. *Revista Interuniversitaria de Formación del Profesorado*, v. 91, n. 32.1, p. 105-116, 2018. Disponível em: https://www.researchgate.net/profile/Paz_Prendes/publication/322901424_Competencia_digital_una_necesidad_del_profesorado_universitario_en_el_siglo_XXI/links/5acf9c1c0f7e9b18965ccd1e/Competencia-digital-una-necesidad-del-profesorado-universitario-en-el-siglo-XXI.pdf?origin=publication_detail. Acesso em: 11 set. 2020.

FILATRO, Andrea. *Design Instrucional na prática.* São Paulo: Pearson Education Brasil, 2008.

FILATRO, Andrea. *Design instrucional contextualizado*: educação e tecnologia. 3. ed. São Paulo: Editora Senac, 2010.

FILATRO, Andrea; CAIRO, Sabrina. *Produção de conteúdos educacionais.* São Paulo: Saraiva, 2015.

FILATRO, Andrea; PICONEZ, Stela Conceição Bertholo. Evolução dos sistemas para educação a distância. *In:* MACIEL, Cristiano (org.). *Educação a distância*: ambientes virtuais de aprendizagem. Cuiabá: EdUFMT, 2013. p. 59-90.

FLORES, Fernando Agustín. Concepciones didácticas y uso de las TIC en la enseñanza universitaria de grado. Estudio de casos múltiples y marco de análisis TPACK. *Práxis Educativa*, v. 22, n. 1, p. 64-72, jan.-abr. 2018. Disponível em: https://cerac.unlpam.edu.ar/index.php/praxis/article/download/2037/2415. Acesso em: 11 set. 2020.

FLORES, Fernando Agustín; ORTIZ, Margarita Cristina; BUONTEMPO, María Paula. TPACK: un modelo para analizar prácticas docentes universitarias. El caso de una docente experta. *Revista de Docencia Universitaria*, v. 16, n. 1, p. 119-136, jan.-jun. 2018. Disponível em: https://dialnet.unirioja.es/descarga/articulo/6511328.pdf. Acesso em: 11 set. 2020.

FREIRE, Paulo. *Professora Sim, Tia Não*. 10. ed. São Paulo: Olho D´Água, 1997.

GAGNÉ, Robert Mills; BRIGGS, Leslie J.; WAGER, Walter W. *Principles of instructional design*. 4. ed. Orlando: Harcourt Brace College Publishers, 1992.

GARBIN, Monica Cristina; OLIVEIRA, Edison Trombeta de. Práticas docentes na Educação a Distância: um olhar sobre as áreas do conhecimento. *Revista Diálogo Educacional*, Curitiba, v. 19, n. 60, p. 36-55, jan.-mar.2019. Disponível em: https://periodicos.pucpr.br/index.php/dialogoeducacional/article/view/24106/23252. Acesso em: 8 out. 2020.

GOMES, Candido Alberto da Costa. A legislação que trata da EAD. *In:* LITTO, Frederic Michael; FORMIGA, Manuel Marcos (orgs.). *Educação a distância*: o estado da arte. São Paulo: Pearson Education Brasil, 2009. p. 21-27.

GRANDGENETT, Neal F. Perhaps a matter of imagination: TPCK in mathematics education. *In:* AACTE - AMERICAN ASSOCIATION OF COLLEGES FOR TEACHER EDUCATION. *Handbook of Technological Pedagogical Content Knowledge (TPCK) for Educators.* New York and London: Routledge, 2008. p. 145-166.

GUIMARÃES, Luciano Sathler Rosa. O aluno e a sala de aula virtual. *In:* LITTO, Frederic Michael; FORMIGA, Manuel Marcos (orgs.). *Educação a distância*: o estado da arte - volume 2. 2. ed. São Paulo: Pearson Education Brasil, 2012. p. 126-133.

HARRIS, Judith B. TPCK in in-service education: assisting experienced teachers' "planned improvisations". *In:* AACTE - AMERICAN ASSOCIATION OF COLLEGES FOR TEACHER EDUCATION. *Handbook of Technological Pedagogical Content Knowledge (TPCK) for Educators.* New York and London: Routledge, 2008. p. 251-272.

HERRING, Mary C.; KOEHLER, Matthew J.; MISHRA, Punya. *Handbook of Technological Pedagogical Content Knowledge (TPACK) for Educators*. 2. ed. New York: Routledge, 2016.

KELLY, Mario Antonio. Bridging digital and cultural divides: TPCK for equity of access to technology. *In:* AACTE – AMERICAN ASSOCIATION OF COLLEGES FOR TEACHER EDUCATION. *Handbook of Technological Pedagogical Content Knowledge (TPCK) for Educators*. New York and London: Routledge, 2008. p. 31-58.

KENSKI, Vani Moreira. Introdução – Por que design instrucional? *In:* KENSKI, Vani Moreira (org.). *Design instrucional para cursos on-line*. São Paulo: Editora Senac São Paulo, 2015. p. 15-20.

KNOWLES, Malcolm. *The adult learner*: a neglected species. Houston: Gulf Publishing Company, 1973.

KOEHLER, Matthew J.; MISHRA, Punya. What happens when teachers design educational technology? The development of technological pedagogical content knowledge. *Journal of Educational Computing Research*, v. 32, n. 2, p. 131-152, 2005.

KOEHLER, Matthew J.; MISHRA, Punya. Introducing TPCK. *In:* AACTE – AMERICAN ASSOCIATION OF COLLEGES FOR TEACHER EDUCATION. *Handbook of Technological Pedagogical Content Knowledge (TPCK) for Educators*. New York and London: Routledge, 2008. p. 3-30.

KOEHLER, Matthew J.; MISHRA, Punya. What Is Technological Pedagogical Content Knowledge? *Contemporary Issues in Technology and Teacher Education*, v. 9, n. 1, p. 60-70, 2009. Disponível em: https://citejournal.s3.amazonaws.com/wp-content/uploads/2016/04/v9i1general1.pdf. Acesso em: 23 set. 2020.

KOL, Sara; SCHCOLNIK, Miriam. Asynchronous forums in EAP: assessment issues. *Language Learning & Technology*, v. 12, n. 2, p. 49-70, jun. 2008. Disponível em: https://scholarspace.manoa.hawaii.edu/bitstream/10125/44143/12_02_kolschcolnik.pdf. Acesso em: 24 set. 2020.

LEE, John K. Toward democracy: Social studies and TPCK. *In:* AACTE – AMERICAN ASSOCIATION OF COLLEGES FOR TEACHER EDUCATION. *Handbook of Technological Pedagogical Content Knowledge (TPCK) for Educators.* New York and London: Routledge, 2008. p. 128-144.

LIBÂNEO, José Carlos. *Didática.* São Paulo: Cortez, 2007.

LITTO, Frederic M. O atual cenário internacional da EaD. *In:* LITTO, Frederic Michael; FORMIGA, Manuel Marcos (orgs.). *Educação a distância*: o estado da arte. São Paulo: Pearson Education Brasil, 2009. p. 14-20.

MATTAR, João. *Design educacional*: educação a distância na prática. São Paulo: Artesanato Educacional, 2014.

MCNAMARA, Judith; BURTON, Kelley. Assessment of Online Discussion Forums for Law Students. *Journal of University Teaching & Learning Practice*, v. 6, n. 2, p. 1-14, 2009. Disponível em: https://ro.uow.edu.au/cgi/viewcontent.cgi?referer=https://scholar.google.com.br/&httpsredir=1&article=1118&context=jutlp. Acesso em: 24 set. 2020.

MILL, Daniel (org.). *Dicionário crítico de educação e tecnologias e de educação a distância.* Campinas: Papirus, 2018.

MILL, Daniel; SILVA, Claeton Pedro Ribeiro da. Saberes docentes na educação a distância: uma breve revisão de literatura sobre docente virtual. *In:* CONGRESSO INTERNACIONAL DE EDUCAÇÃO E TECNOLOGIAS, 2018. São Carlos. *Anais...* São Carlos: UFSCar, 2018. p. 1-14. Disponível em: http://cietenped.ufscar.br/submissao/index.php/2018/article/download/479/550/. Acesso em: 11 set. 2020.

MOORE, Michael G.; KEARSLEY, Greg. *Educação a distância*: sistemas de aprendizagem on-line. 3. ed. São Paulo: Cengage Learning, 2013.

MOUZA, Chrystalla. Developing and assessing TPACK among pre-service teachers: a synthesis of research. *In:* HERRING, Mary C.; KOEHLER, Matthew J.; MISHRA, Punya. *Handbook of Technological Pedagogical Content Knowledge (TPACK) for Educators.* 2. ed. New York: Routledge, 2016. p. 169-190.

NAKASHIMA, Rosaria Helena Ruiz. *A dialética dos conhecimentos pedagógicos dos conteúdos tecnológicos e suas contribuições para a ação docente e para o processo de aprendizagem apoiados por ambiente virtual*. 2014. 288 f. Tese (Doutorado em Educação) – Faculdade de Educação, Universidade de São Paulo, São Paulo, 2014. Disponível em: http://www.teses.usp.br/teses/disponiveis/48/48134/tde-01102014-134609/publico/ROSARIA_HELENA_RUIZ_NAKASHIMA.pdf. Acesso em: 4 out. 2020.

NIELSEN, Jakob. *Usability Engineering*. Boston: Academic Press, 1993.

NIESS, Margaret L. Guiding preservice teachers in developing TPCK. *In:* AACTE – AMERICAN ASSOCIATION OF COLLEGES FOR TEACHER EDUCATION. *Handbook of Technological Pedagogical Content Knowledge (TPCK) for Educators*. New York and London: Routledge, 2008. p. 223-250.

NIESS, Margaret L.; GILLOW-WILES, Henry; ANGELI, Charoula. (orgs.). *Handbook of Research on TPACK in the Digital Age*. Hershey: Information Science Reference, 2019.

OLIVEIRA, Édison Trombeta de. *EaD e ambientes virtuais de aprendizagem*: dimensões orientadoras para seleção de mídias. 2019. 177 p. Tese (Doutorado em Educação) – Faculdade de Educação da Universidade de São Paulo, São Paulo, 2019. Disponível em: https://teses.usp.br/teses/disponiveis/48/48134/tde-04112019- 163653/publico/EDISON_TROMBETA_DE_OLIVEIRA_rev.pdf. Acesso em: 3 out. 2020.

OLIVEIRA, Edson Trombeta de. *Projetos e metodologias ativas de aprendizagem*. São Paulo: Senac, 2020.

OLIVEIRA, Édison Trombeta de; GARBIN, Monica Cristina; PIRILLO, Nadia Rubio. O Design Thinking como modelo de concepção e produção de material didático para educação a distância. *In:* TEDESCO, Anderson Luiz; LACERDA, Tiago Eurico de. *Educação digital e práticas pedagógicas*: volume II. Curitiba: Bagai, 2020. p. 188-198.

OLIVEIRA, Édison Trombeta de; PICONEZ, Stela Conceição Bertholo. Avaliação da educação superior nas modalidades presencial e a distância: análises com base no Conceito Preliminar de Cursos (CPC). *Avaliação*, Campinas/Sorocaba, v. 22, n. 3, p. 833-851, nov. 2017. Disponível em: http://www.scielo.br/pdf/aval/v22n3/1982-5765-aval-22-03-00833.pdf. Acesso em: 27 set. 2020.

PEREIRA, Alice Theresinha Cybis; SCHMITT, Valdenise; DIAS, Maria Regina Á. C. Ambientes Virtuais de Aprendizagem. *In:* PEREIRA, Alice Theresinha Cybis (org.). *Ambientes Virtuais de Aprendizagem*: Em Diferentes Contextos. Rio de Janeiro: Ciência Moderna, 2007. p. 1-22.

PETERS, Otto. *Didática do ensino a distância.* São Leopoldo: Editora Unisinos, 2011.

PICONEZ, Stela Conceição Bertholo; NAKASHIMA, Rosária Helena Ruiz. Equipes de produção de materiais digitais de aprendizagem e os critérios de usabilidade técnica e pedagógica: um diálogo necessário. *In:* BARROS, Daniela Melaré Vieira et al. (orgs.). *Educação e tecnologias*: reflexão, inovação e práticas. Lisboa: *[s.n.]*, 2011. p. 364-399.

REIGELUTH, Charles M. (ed.). *Instructional-design theories and models*: an overview of their current status. Hillsdale: Lawrence Erlbaum Associates, 1983.

REIGELUTH, Charles M. *Instructional-design theories and models*: a new paradigm of instructional theory. Hillsdale: Lawrence Erlbaum Associates, 1999.

REIGELUTH, Charles M.; BEATTY, Brian J.; MYERS, Rodney D. (eds.). *Instructional-design theories and models*: the learner-centered paradigm of education. New York: Routledge, 2017.

REIGELUTH, Charles M.; CARR-CHELLMAN, Alisson A. (eds.). *Instructional-design theories and models*: building a common knowledge base. New York: Routledge, 2009.

ROLANDO, Luiz Gustavo Ribeiro *et al.* Evidências da validade da versão adaptada para o português do Questionário TPACK Survey for Meaningful Learning. *Avaliação Psicológica*, v. 17, n. 1, p. 37-47, 2018. Disponível em: http://pepsic.bvsalud.org/pdf/avp/v17n1/05.pdf. Acesso em: 11 set. 2020.

SANTO, Eniel do Espírito; CARDOSO, Ariston de Lima; SANTOS, Adilson Gomes dos. Conhecimento Tecnológico Pedagógico do Conteúdo (TPACK): um estudo de uma instituição de ensino superior pública. *In:* CONGRESSO INTERNACIONAL DE EDUCAÇÃO E TECNOLOGIAS, 2018. São Carlos. *Anais...* São Carlos: UFSCar, 2018. p. 1-7. Disponível em: http://cietenped.ufscar.br/submissao/index.php/2018/article/download/264/308/. Acesso em: 11 set. 2020.

SHEARER, Rick. Instructional design in distance education: an overview. *In:* MOORE, Michael Grahame; ANDERSON, William (orgs.). *Handbook of distance education*. Mahwah: Lawrence Erlbaum Associates, 2003. p. 275-286.

SHULMAN, Lee. Those who understand: knowledge growth in teaching. *Educational Research*, v. 15, n. 2, p. 4-14, 1986.

SHULMAN, Lee. Knowledge and teaching: foundations of the new reform. *Harvard Educational Review*, v. 57, n. 1, p. 1-22, 1987.

SMITH, Patricia L.; RAGAN, Tillman J. *Instructional Design*. 2. ed. New York: Wiley, 1999.